국민제안제도 활용 상 받고 돈 벌어

자존감 높이고
대접받는 취업스펙

도서
출판 행복에너지

초판 1쇄 발행 2018년 12월 25일

지 은 이 최은석
발 행 인 권선복
편 집 한영미
디 자 인 이동준
전 자 책 서보미
마 케 팅 권보송
발 행 처 도서출판 행복에너지
출판등록 제315-2011-000035호
주 소 (157-010)서울특별시 강서구 화곡로 232
전 화 0505-613-6133
팩 스 0303-0799-1560
홈페이지 www.happybook.or.kr
이 메 일 ksbdata@daum.net

값 15,000원

ISBN 979-11-5602-677-8
Copyright © 최은석 , 2018

국민제안제도의 활성화와 사회공헌 기부를 희망하는 저자의 요청에 따라 이 책의
인세로 발생되는 수익금은 창의력 재능 기부 활동과 고학생(苦學生)을 위한 기부
등에 사용될 예정입니다.

이 책을 읽은 독자들 중 직접적인 국민제안활동을 통해 정부부처, 지자체, 교육청 등으로부
터 표창장(상장)을 받은 경우 도서출판 행복에너지로 연락 주시면 선착순 100명에게 기념
품을 보내드리고 100명의 수상 제안을 모아 국민제안 100배 즐기기 우수사례집 원고로 활
용하겠습니다.

국민제안제도 활용 상 받고 돈 벌어

자존감 높이고
대접받는 취업스펙

돈이 없어 취업스펙을 못 만드는 가난한 취업준비생들, 남들과 다른 스펙을 만들려고 무척 노력하는 취업준비생들, 경제적 지원만 있다면 꿈을 이룰 수 있는 취업준비생들을 위해 이 책을 집필하게 되었다.

도서
출판 행복에너지

contents

contents

최 은 석(1970년생)

한양대대학원 석사

공무원 출신, 현재 철도공사 팀장으로 돈 쓰면서 만드는 취업스펙이 아닌 상 받고 돈 벌면서 자존감 높이고 대접받는 취업스펙을 위해 국민신문고 국민제안제도를 활용한 제안활동 등으로 대통령, 국무총리, 장관표창이하 수백 회 수상과 제안 포상금으로 창의력 재능 기부 및 고학생(苦學生)을 위한 다양한 기부활동을 하고 있다.

➜ 수상 이력

▸ 정부포상 및 시상 (대통령 국무총리) 4회, 장관표창 3회, 위원장 / 처장 / 청장, 특별시장 / 광역시장 / 도지사, 시장 / 군수 / 구청장, 교육감 등 수백 회 이상 표창장(상장) 수상

▸ 정치선거 개선 아이디어 공모 대상 수상

▸ 공무원문예대전 동화 부문 행정안전부장관상

▸ 백두산 기행문 최우수상 통일부장관상

▸ 강연 콘테스트 대상 중앙선관위 위원장상 수상 등 이하 생략

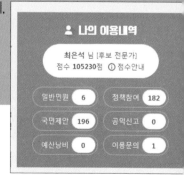

현재 대학생, 취업준비생을 위한 자존감을
높이고 대접받는 취업 스펙 자기계발 코치로
재능 기부 활동 중이며, 창의력 제안 활동 등으로
KBS, MBC, KNTV, 후지TV 등에 출연하였음.

국민제안을 할 수 있는 곳은 정부부처, 지자체, 교육청, 공공기관 등 너무나
많다. 저자는 그 중 0.5%정도만을 제안하여 얻은 결과를 가지고 이 책을
집필하였다. 나머지 99.5%는 이 책을 읽은 독자들의 제안을 기다리고 있다.
긍정의 힘으로 국민제안 세계에 도전하여 저자보다 더 좋은 결과를 얻기를
기원한다. 【창의력대통령 최은석】

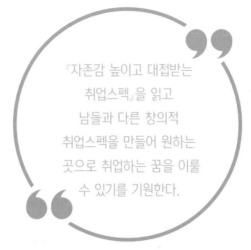

『자존감 높이고 대접받는
취업스펙』을 읽고
남들과 다른 창의적
취업스펙을 만들어 원하는
곳으로 취업하는 꿈을 이룰
수 있기를 기원한다.

국민신문고를 통한 창의적 제안 활동으로 대통령, 국무총리, 장관 이하 표창장(상장) 수백 장을 받았고 제안 포상금으로 기부 활동해 온 경험을 바탕으로 대학생, 취업준비생을 위해 자존감을 높이고 대접받는 취업스펙 만들기를 직접 시연하였다.

돈이 없어 취업스펙을 못 만드는 가난한 취업준비생들, 남들과 다른 스펙을 만들려고 무진장 노력하는 취업준비생들, 경제적 지원만 있다면 꿈을 이룰 수 있는 취업준비생들을 위해 약 3,000건의 필자 제안과 국민신문고 공개제안 10,000건을 연구하였다. 국민신문고 국민제안제도를 이용하여 취업에 유리한 필수 스펙들인 ① 다양한 수상 이력 ② 기부 활동 ③ 문제점 발굴과 해결 능력 함양의 세 마리 토끼를 잡을 수 있는 『자존감 높이고 대접받는 취업스펙』을 집필하게 되었다.

참고로 '창의력대통령'은 국민신문고 국민제안제도를 활용하여 정책을 제안하여 구청장표창에서부터 대통령표창까지 수상한 필자의 필명(筆名)이다.

시간 날 때마다 아르바이트하면서 공부해야 하고, 없는 시간을 쪼개고 쪼개어 잠자는 시간마저 줄여야 겨우 만들 수 있는 취업스펙에 힘들어하는 이 땅의 수많은 대학생, 취업준비생들의 아픔을 필자 역시 경험하였고 이해하기에 조금이나마 도움이 되고자 직접 부딪치며 깨지며 넘어지며 먼저 경험해 본 필자의 아픔과 기쁨 그리고 보람을 담은 책이다.

지금 수중에 15,000원의 여유가 있다면 이 책을 구매하여 한 번 읽어볼 것을 권유한다. 남들과 다른 취업스펙으로 원하는 곳의 취업에도 도움이 되고, 취업 후에도 조직에서 차별화된 능력으로 조직발전을 위한 문제점 발굴과 해결방안을 찾는데 도움을 주는 방법이 이 책에 담겨 있다고 자부한다.

무엇보다 중요한 건, 『자존감 높이고 대접받는 취업스펙』은 저자는 해 보지도 않았으면서, 아니 할 수도 없으면서 유명인, 남의 이야기로 돈 쓰는 법만 가르쳐 주는 기존의 자기계발서와 달리 필자가 직접 상 받고 돈 벌면서 자존감을 높이는 경험을 하였고, 지금도 하고 있는 취업스펙 만들기 자기계발서이다.

『자존감 높이고 대접받는 취업스펙』은 시간이 부족하여, 돈이 없어 취업 스펙을 못 만들고 있는 대학생, 취업준비생을 위해 만들었지만, 창의력 활용을 확대하면 생활의 문제 발굴과 해결 능력을 개발하고 그 결과로 인해 경제적으로 도움이 될 수 있기에 중학생·고등학생 / 전업주부 / 명퇴자·은퇴자 /노인 치매 예방을 위해서도 권할 만하다.

힘든 아르바이트에 시간과 체력을 소비하여 공부할 시간이 부족한 대학생, 취업준비생들이 『자존감 높이고 대접받는 취업스펙』을 읽고 남들과 다른 창의적 취업스펙을 만들어 원하는 곳으로 취업하는 꿈을 이룰 수 있기를 기원한다.

또한, 이 책을 읽은 대한민국의 수많은 대학생, 취업준비생들과 청년, 중장년, 노년, 경력단절 주부들의 취업난을 해결할 수 있는 혁신적인 일자리 창출 정책제안을 함께 만들 수 있기를 필자는 소망한다.

1

국민제안의 시작 배경

1장. 국민제안의 시작 배경

대학생, 취업준비생들은 묻는다.

"국민제안을 시작하게 된 배경이 무엇인가요?"

답은 아주 간단하다.

국민제안활동을 통해 인생에 필요한 1석 3조 이상의 효과를 얻기 위해 시작하였다.

사회적 봉사에는 몸으로 하는 육체적인 봉사와 돈으로 하는 경제적 봉사가 있다. 필자는 처음에는 무료 급식 보조, 청소, 연탄배달, 생일Cake 배달 등 몸으로 하는 봉사를 하였다. 그러다가 돈을 필요로 하는 곳이 의외로 많다는 사실을 알게 되었다. 또한, 필자는 경제적 가난이 많은 사람들의 꿈을 방해한다는 것을 알게 되었다. 조금만 여유가 있었다면 꿈을 이루었을 것이고 지금보다 더 나은 삶을 살 수 있었을 것이다. 가난으로 자신의 소중한 꿈을 포기하는 것이 너무나 안타까웠다.

필자 역시 아버지 생업의 장기간 불황으로 마이너스 경제적 가난이 학창시절을 조금 우울하게 만들었던 기억이 남아있다. 죽기 살기로 공부한 덕에 장학금을 받아 등록금은 겨우 해결하였지만 수업이 없는 날이나 방학 중에는 다양한 아르바이트를 하면서 교재비와 용돈을 벌었다. 몸으로 하는 아르바이트는 육체적 피로가 쌓이니 그만큼 공부하는 체력을 깎아 먹었다. 지금 생각해 보면 거의 정신력으로 버틴 것 같다. 필자의 학창시절은 여유가 없었다. 돈이 없으니 하고 싶은 것도 최소한으로 하고 공부할 시간이 부족하니 잠자는 시간을 줄였다. 건강이 점점 나빠지기 시작했고 결국 하고픈 꿈을 포기하게 되었다. 그때 누군가 비용 없이 만드는 취업스펙 쌓기와 최단시간 투자로 생활비 버는 법을 알려줬다면 필자는 꿈을 포기하지 않고 계속 매진했을 것이다. 하지만 필자를 가르치신 선생님도 대학 교수님도 주변에 그 누구도 꿈을 포기하지 않을 해결책을 알려주지 않았다.

현재의 청년들이, 취업준비생들이 겪는 아픔을 필자 역시 경험하였기에 필자는 그때를 생각하며 도움이 될 수 있는 방법을 찾다가 발견한 것이 국민신문고를 통한 국민제안활동이었다.

처음 시작할 때는 어려운 환경의 소년, 소녀가장들이 꿈을 포기하지 않도록 사회적 기부를 계속 하고 싶은데 아들 딸 둘을 공부시키는 외벌이 가장의 입장에서는 경제적 여유가 없었다. 월급을 쪼개 적은 금액이라도 기부하면 기분 좋았다. 기부를 시작하고 나서 일이 잘 풀리었다. 어려운 일도 많이 생겼는데 그때마다 평소 해 온 작은 기부들의 덕분인지 빠져나갈 구멍이 생겼다. 그리고 누군가의 도움으로 큰 위기를 벗어난 적도 있었다. 사회적 약자를 위한 숨은 기부자의 삶을 살면서 나의 기부들이 결국 나의 삶에 도움되는 일로 되돌아온다는 사실을 알게 되었다. 그 기분에 중독되니 조금이라도 더 많은 기부를 하고 싶어 방법을 찾기 시작했다. 또한, 대학생, 취업준비생들이 취업에 유리한 스펙을 만들기 위해 많은 시간과 비용을 투자하는 현실을 보고 필자는 그들을 위해 작은 도움을 주고 싶어 돈 안 들이고 만들 수 있는 취업스펙을 연구하였다.

그 결과 찾아 낸 것이 바로 국민신문고를 통한 창의적 제안으로 상 받고 돈 벌면서 만드는 취업스펙이다. 조금만 노력하면 정부 부처, 지자체, 공공기관 등에서 상장, 표창장을 받을 수 있고 상금도 받으며 나만의 창의적 스펙을 만들 수 있다. 대학생, 취업준비생들의 자존감을 높이고 대접받는 취업스펙 만들기를 할 수 있는 곳이 바로 국민제안활동이다. 돈 없어도 바로 시작할 수 있고, 어느 정도 숙달만 되면 다른 활동에 비해 시간과 노력 투자도 많이 필요치 않다.

필자는 위 내용에 대해 많은 고민을 하였고 남의 이야기를 다룬 수많은 자기계발서와 달리 본인이 직접 체험하고 경험하며 이룬 실적을 통해 누구나 노력하면 이룰 수 있는 자기계발서를 만들고 싶었다. 필자는 제안 활동을 통해 국민 모두가, 모든 세대들이 +@의 결과를 얻을 수 있다고 자부한다.

『자존감 높이고 대접받는 취업스펙』은 제안활동으로 구청장/시장/군수-도지사/광역시장-특별시장-청장-위원장-장관-국무총리-대통령상을 수상한 노하우를 책에 담았다. 필자가 부딪치고 깨지며 배운 이야기를 통해 대학생, 취업준비생들이 현실에서 필요한 것을 얻기를 진심으로 바란다.

필자가 이 책을 읽는 모든 독자분들에게 부탁하고 싶은 것은 '절대 부정적인 생각을 하지 말라.'는 것이다. 부정적인 생각은 내 머릿속을 혼탁하게 만든다. 그리고 세상의 아름다운 모습을 보지 못한다. 제안 활동은 세상을 아름답게 만들어 모두가 행복하게 살려는 아이디어를 글쓰기로 표현하는 활동인데 부정적인 생각으로 세상을 바라보면 절대 아름다운 세상을 만들지 못한다. 부정적인 생각을 많이 하는 사람은 얼굴도 부정적으로 어둡게 변하게 된다. 취업을 위해 면접을 보든지 결혼을 위해 맞선을 보든지 상대방의 얼굴을 보게 된다. 긍정적인 생각을 많이 하는 사람은 얼굴이 밝아지고 좋은 결과를 얻을 확률이 많아진다.

이 책을 읽는 모든 분들이 긍정적인 생각으로 이 책을 읽고 본인의 위치에서 가장 좋은 결과를 얻을 수 있도록 긍정적인 독자를 상상하며 이 책을 집필하였다. 돈이 없고 시간이 부족한 수많은 사람을 위해 최소한의 시간과 비용 투자로 할 수 있는 1석 3조이상의 스펙 만들기와 그 과정을 통해 얻게 되는 경제적 결과물을 공유하고자 한다.

국민제안제도 활용 자존감 높이는 취업스펙

필자는 대통령부터 국무총리, 장관/위원장, 처장/청장, 특별시장/광역시장/도지사, 시장/군수/구청장, 교육감 등 국민신문고 국민제안 접수기관의 모든 직위에서 수상한 기록을 가지고 있다.

국민제안활동은 내가 만든 아이디어 하나가 지자체 정책을 바꾸고 국가 정책을 바꿀 수 있는 출발점이 되어 내가 사는 세상을 바꿀 나비효과로 변하는 과정이다. 국민제안활동을 하면서 세상살이에서 필요한 많은 것을 배우고 얻게 될 것이다.

처음에는 한 달에 한 건 겨우 제안서를 만들다가 보름에 한 건, 일주일에 한 건, 삼일에 한 건. 하루에 한 건. 반나절에 한 건, 20분 만에 하나의 제안서를 만들 수 있게 된다.

"그게 정말 가능한가요?"

이렇게 질문하는 사람들은 국민제안활동의 금기된 준비물인 부정적 마인드를 가지고 있는 사람들이다. 필자가 강의 중에 자주 강조하는 내용은 『**긍정은 제안을 낳고 부정은 민원을 낳는다.**』이다. 매사에 부정(불만, 불신)이 많은 초보 제안자들은 아무리 제안 강의를 잘 들어도 제안서가 아닌 민원을 만드는 경우가 많았다. 제안 내용에 부정적 내용이 너무 강하여 민원으로 바뀌어 버림을 모르고 있었다. 긍정의 힘이 중요하다. 긍정의 마인드로 만든 제안이 우리 생활을 긍정적으로 바꿀 수 있다. 해보지 않고 부정적인 상상을 먼저 하는 습관은 이제 버려야 한다.

제안활동을 계속 하다보면 어느 순간 경지에 오름을 느낄 수 있다. 물론 아이디어 발굴 능력, 글쓰기 능력에 따라 시간은 점점 단축된다. 아이디어 발굴 능력은 그 사람이 가진 현재의 스펙을 바탕으로 후천적 노력에 따라 점점 증대된다. 내 머릿속에 많은 지식이 있어야 더 빨리 발굴할 수 있는 것이다.

아무 것도 안 하는 사람보다 노력하는 사람이 더 많은 정보를 보고 듣고 머릿속에 저장할 수 있다. 많은 정보들이 쌓이면 쌓일수록 순간적 현실에서 불편한 문제점을 발굴하고 비교 분석하여 개선방안을 자연스럽게 떠올릴 수 있게 된다.

필자도 여러분과 같은 초보에서 시작하였다. "맨 땅에 헤딩 한다."라는 말이 있듯 필자는 100% 무(無)에서 스스로 노력하여 유(有)를 창조했다. 아무도 가르쳐 주는 이도 없었고 참고할 만한 책도 없는 상태에서 국민제안 활동을 시작하였다.

국민신문고는 갑인 공무원(공공기관)에 대해 을인 국민이 억울한 민원만 접수하는 곳인 줄 알았다. 정부부처, 지자체, 교육청 등의 정책을 보다 국민 중심으로 바꾸어 줄 것을 개선·제안할 수 있는 곳이라는 사실을 우연히 알게 된 후 필자의 삶은 1시간, 10분이 아쉬운 듯 아주 바쁘게 움직이게 되었다.

지금은 스트레스 없이 익숙해져 여유를 가지고 국민제안 활동을 할 수 있지만 처음에는 누구나 겪는 극도의 좌절감을 느끼면서 국민신문고 제안 활동을 하였다. 제안을 접수하자마자 수시로 걸려오는 담당 공무원의 전화는 은근히 스트레스였다. 쉬는 날 밤새 고민하여 만든 제안들이 접수되기가 무섭게 불채택, 불채택, 불채택을 알리는 문자와 메일로 바뀌어 끊임없이 날아 왔다. 정부 및 지자체 정책의 깨진 유리창 갈기를 국민제안 한 나를 마치 죄인처럼 닦달하는 공무원들도 있었다.

보통 이 과정에서 대부분의 국민제안자들은 심리적으로 위축이 되어 국민제안 활동을 중도 포기하는 경우가 많았다. 하지만, 필자는 확고한 목표가 있었기에 초심을 잃지 않고 스트레스를 이겨내며 계속 도전하면서 공무원들의 답변을 연구하기 시작했다. 출력해서 가지고 다니면서 틈나는 대로 읽고 또 읽었다.

대학생, 취업준비생, 그리고 그 누군가의 미래를 바꿔 줄 자기계발서를 집필하기 위해 포기하지 않고 계속하여 마침내 최종 목표인『자존감 높이고 대접받는 취업스펙』을 집필하게 된 것이다.

필자도 분명히 초보제안자에서 출발하였고 초급제안자를 거쳐 연간 200개 이상 제안이 채택되는 제안전문가가 될 수 있었다. 2014년부터 2018년 8월까지 4년 6개월간 약 3,000건의 국민제안을 하면서 현재의 국민신문고 국민제안 시스템을 만드는데 기여하였고 각 기관의 국민제안 제도 운영 프로세스에 대하여 다양한 제안 실험을 해 보았다. 그리고 국민신문고 공개 국민제안, 공무원제안 약 10,000건에 대한 접수 기관들의 답변과 그 결과에 대해 연구하였다.

창의력 [Creativity, 創意力]은 새로운 생각을 해내는 힘이다.

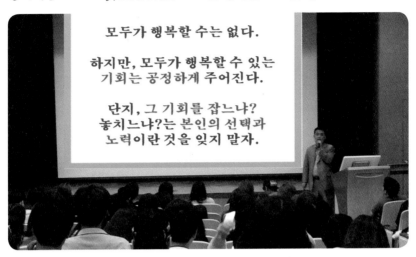

새로운 생각은 조직의 변화를 이끌어 낸다. 창의적 인재는 어느 조직에서나 필요로 한다. 남들과 다른 취업 스펙을 만들고 싶고 취업 후에도 조직 발전에 도움되는 나만의 스펙을 만들고 싶은가? 그렇다면 창의력 자기계발로 차별화된 스펙을 만들어 보라. 창의력으로 만든 취업스펙은 그 어떤 스펙보다 가치를 발휘할 것이다.

창의력을 개발하기 위한 방법은 다양하다. 필자는 돈 쓰면서 만드는 창의력이 아닌 돈 벌면서 만드는 창의력 자기 개발을 위한 방법으로 국민신문고 국민제안을 선택하였다.

> 국민제안은 일반적이고 원론적인 의견, 단순 건의 사항이 아닌 '정부업무(일자리 창출, 취약계층 보호, 생활불편·안전 개선, 기타 불합리한 제도나 규제의 개선 등)에 관한 창의적이고 구체적인 개선 방안'을 의미합니다.
> – 국민신문고 –

국민신문고 국민제안제도는 창의력 자기계발을 가능하게 만들어 주는 고마운 제도이다. 『자존감 높이고 대접받는 취업스펙』은 국민제안을 통해 이 시대를 살아가는 대 도움 되는 지식을 스스로 공부하게 하고 상황별 문제점과 창의적 해결 능력을 함양하기 위한 창의력 자기계발서이다. 기존의 돈 쓰는 자기계발서와 달리 상 받고 돈 벌어 자존감 높이고 대접받는 자기계발을 할 수 있는 방법을 이 책에서 배울 수 있을 것이다. 돈이 없고 시간이 부족하여 취업스펙을 못 만드는 가슴 아픈 대학생, 취업 준비생들이라면 이 책이 더욱 유용할 것이다.

필자는 창의적 취업스펙 만들기를 성공시키기 위해 시간과 노력을 투자하여 먼저 답사하였다. 이 책의 지면 관계상 많은 이야기를 담지는 못했으나 국민신문고 국민제안에 필요한 필수사항은 모두 담으려고 노력했다. 『자존감 높이고 대접받는 취업스펙』과 함께하는 국민제안 활동을 통해 취업준비생들은 차별화된 취업 스펙을 만들고 앞으로 만나게 될 문제점들에 대한 창의적 해결 방안을 제시할 창의력을 키우기 바란다.

2

국민신문고 국민제안

2장. 국민신문고 국민제안

국민신문고(www.epeople.go.kr)는 정부에 대한 민원·제안·참여, 부패·공익신고, 행정심판 등을 인터넷으로 간편하게 신청하고 처리하는 범정부 대표 온라인 소통 창구이다. 모든 행정기관(중앙·지자체·교육청·해외공관), 사법부, 주요 공공기관과 연결되어 원스톱 서비스를 제공한다고 국민신문고는 소개하고 있다.

"국민신문고를 통해 어떤 것을 할 수 있나요?"라는 질문에 대해 국민신문고는 다음과 같이 안내하고 있다.

 1. 민원 : 정부기관에 불편한 점이 있을 때

 2. 국민제안 : 정책과 관련한 좋은 아이디어가 있을 때

 3. 정책참여 : 정부정책에 참여하고 싶을 때

 4. 예산낭비 : 생활 속에서 예산 낭비 사례를 발견 했을 때

 5. 공익신고 : 공익을 침해하는 행위를 발견했을 때

 6. 질의응답 ; 정부정책의 구체적인 적용사례나 민원 처리 사례가 궁금할 때

『자존감 높이고 대접받는 취업스펙』(이하 대접받는 취업스펙)(이하 대접받는 취업스펙)에서는『2. 국민제안 : 정책과 관련한 좋은 아이디어가 있을 때, 정부시책 및 제도 개선에 대한 창의적인 의견을 수렴하여 정부정책에 반영하고 우수제안에 대한 포상도 합니다.』라는 점을 활용하여 정부부처, 지자체, 교육청에 제안활동을 통해 남들과 다른 차별화된 취업스펙을 만드는 법을 필자의 사례를 중심으로 시연 설명해보고자 한다.

취업스펙을 만들기 위해 무진장 노력하는 대학생, 취업준비생들을 위해 책값 15,000원 투자로 최소 100배이상 1,000배, 10,000배의 효과를 얻을 수 있도록 약 3,000건의 필자 제안과 국민신문고 공개제안 10,000건을 연구하였다. 다양한 수상 이력 + 경제적 보상(제안 포상금) + 기부 활동 + 문제점 발굴 및 해결 능력 함양을 동시에 이룰 수 있는 자존감 높이고 대접받는 취업스펙 만들기를 위한 필자의 실전 경험 노하우를 지금부터 공개한다.

1. 일반제안 공모제안 단체제안 공모제안

국민신문고 홈페이지(www.epeople.go.kr)에서 찾아 볼 수 있는 내용은 가급적 지면 관계상 최대한 생략하고 국민신문고 국민제안 과정 중 필요한 부분만 언급하기로 한다.

국민신문고 국민제안은 일반제안, 공모제안 두 가지로 나눈다.
일반제안은 수시제안으로 365일 언제든지 자유주제로 국민제안을 할 수 있다. 공모제안은 공모 주제에 한하여 기간을 정해 놓고 그 기간 안에만 제안을 할 수 있다.

"국민제안은 일반적이고 원론적인 의견, 단순 건의사항이 아닌 '정부업무(일자리 창출, 취약계층 보호, 생활불편·안전 개선, 기타 불합리한 제도나 규제의 개선 등)에 관한 **창의적이고 구체적인 개선방안**'을 의미합니다. 국민제안 규정에 따라 행정기관(중앙행정기관, 지방자치단체, 교육청)에 관한 제안만을 심사하며, 방문·우편·팩스 또는 온라인 국민참여포털('국민신문고') 등 인터넷을 통하여 제출하실 수 있습니다. 제안에 해당하지 않을 경우 민원 이관, 제안 외 내용으로 처리될 수 있습니다."라고 국민신문고는 안내하고 있다.

여기에서 눈여겨 볼 것은 국민신문고에서 원하는 핵심 주제가 나타나 있다는 사실이다. **정부업무(일자리 창출, 취약계층 보호, 생활불편·안전 개선, 기타 불합리한 제도나 규제의 개선 등)은** 어느 행정기관(중앙행정기관, 지방자치단체, 교육청)에서든지 좋아하는 주제이다.

초보제안자들은 정해진 주제에 대해서만 제안을 만들어야 하는 공모제안보다 자유로이 내가 원하는 주제를 정하여 언제든지 제안할 수 있는 일반제안이 가장 적합하다고 본다.

국민 제안 규정 시행규칙 제2조 ①항에 의해 국민제안서 제출 양식은 서식이 정해져 있지만 반드시 그 양식을 사용해야 하는 것은 아니다. 제안서의 3요소인 '현황 및 문제점 - 개선방안 - 기대효과'만 갖추어 제출하면 제안서로 인정하는 곳이 늘어나고 있는 추세이다.

제2조(국민제안의 제출) ① 국민이 「국민 제안 규정」제5조에 따라 중앙행정기관의 장, 지방자치단체의 장 또는 교육감(이하 "행정기관의 장"이라 한다)에게 국민제안을 제출할 때에는 별지 제1호서식의 국민제안서에 따라 한다.

■ 국민 제안 규정 시행규칙 [별지 제1호서식]

(제1쪽)

국민제안서

① 제목	
② 제출기관	
③ 동일·유사제안의 다른 기관제출 여부	[ ] 없음 [ ] 있음(제출기관: , 제출일시:)

④ 주제안자	성 명		
	생년월일		
	기여도(%)		

⑤ 공동제안자	성 명	생년월일	기여도(%)

⑥ 처리 상황 공개여부	[ ] 공개 [ ] 비공개(제목 및 채택 여부 제외)	
⑦ 처리 결과 통보방식	[ ] SMS(문자 메시지)	휴대전화번호:
	[ ] 전자우편	전자우편주소:
	[ ] 우편	주소:

「국민 제안 규정」 제5조 및 「국민 제안 규정 시행규칙」 제2조제1항에 따라 국민제안서를 제출합니다.

년 월 일

주제안자 (서명 또는 인)

소관 행정기관의 장 귀하

※ 행정기관의 홈페이지 등 제안자의 신원을 확인할 수 있는 전자적 방법으로 제출하는 경우에는 제안자의 서명을 생략할 수 있습니다.

모든 제안서의 기본은 '현황 및 문제점 - 개선방안 - 기대효과'이다. 제안서의 정해진 틀이 제안자의 창의적 사고를 구속할 수 있기에 필자는 제목과 '현황 및 문제점 - 개선방안 - 기대효과'만 갖춘 제안서라면 한글, 파워포인트(PPT), 동영상 모든 것이 제안서가 될 수 있다고 본다. 필자는 실제 제안서를 파워포인트와 동영상으로 만들어 제출한 적도 있다.

(제2쪽)

⑧ 현황과 문제점
⑨ 개선방안
⑩ 기대효과

국민제안규정시행규칙 별지 1호 하단에는 제안서 작성방법이 안내되어 있다. 제안서 용어의 설명을 한 것인데 내용이 쉽게 이해되지 않는 부분도 있어 제안서를 만들 때 필요한 사항을 쉽게 풀어서 설명하여 이해도를 높여 나갈 예정이니 천천히 이해하면서 반복해서 읽어보기 바란다.

위 내용 중 가장 주의해야 할 내용은 『③ 동일·유사제안의 다른 기관 제출 여부: 동일·유사한 제안을 다른 기관에 제출한 적이 있는지를 판단해 ∨표시하고, 있을 경우 제출기관과 제출일시를 적습니다. ④ 주제안자:국민제안 수립에 가장 큰 기여를 한 사람으로서, 공동 제안자와 기여도가 동일할 경우 제안자 간 합의를 통해 결정한 후 적습니다.』이다.

가장 쉬운 제안서는 필자가 항상 강조 했던 제목과 제안 구성의 3단계 "현황 및 문제점 - 개선방안 - 기대효과"만 있으면 A4 용지에 적어 언제든지 일반 제안은 신청 가능하다. 오히려 특정 양식을 정해주고 그 양식에 맞추라는 것은 제안자의 창의력을 방해하는 요소가 될 수 있다.

일반제안 신청하는 법은 제 3장에서 처음부터 끝까지 상세하게 설명하였으니 세부내용은 참고하기 바란다.

공모제안에 대해 국민신문고는 다음과 같이 안내하고 있다.

> 공모제안은 소관 행정기관 또는 다수의 기관이 함께 특정과제를 지정하여 공모
> 기간 동안 아이디어를 모집하는 제안입니다. 개최기관의 특정과제에 대한 제안
> 만이 접수·처리되며, 일반제안은 '일반제안 신청' 코너를 통해 제안을 제출하실
> 수 있습니다. 공모제안 심사기간은 공모기간이 끝나는 날부터 1개월 이내이며
> 자료조사, 의견조회 등이 필요할 경우 연장될 수 있습니다.

공모제안 심사기간은 대부분 준수하려고 노력하지만, 별도의 통보 없이 접수기간 연장 또는 지연되는 경우가 있다. 때로는 아직 신청한 제안이 심사 중인데도 심사결과가 먼저 발표 되어 제안 신청자들을 당혹스럽게 만들기기도 함을 제안활동 중 자연스럽게 알게 될 것이다. 공모제안은 '진행 중 - 공모마감 - 결과발표'로 진행 과정을 안내한다.

공모제안은 한 기관에서만 공모하는 일반공모와 다수의 기관에서 공모하는 특별공모로 나눠진다. 특별공모는 몇 년에 한 번 개최하며 거의 하지 않는다고 보는 게 좋을듯하다.

🔘 일반공모   🔘 특별공모(다수기관 공동개최)

공모제안과 관련된 부가적인 상세 정보를 원한다면 국민신문고(https://www.epeople.go.kr)를 참조하기 바란다.

필자는 국민신문고 발전과 이용자 편의를 위해 많은 제안을 하여 채택되었고 개선시켰다. 국민신문고 제안제도 운영, 시스템, 안내문, 메일발송 개선 등 필자의 제안 채택으로 수년간 많은 변화가 이용자 편의 중심으로 이루어

졌다. 국민신문고의 발전과 국민제안자의 이용 편의 증진에 기여했다는 점에 큰 자부심을 갖고 있다. (국민신문고 발전 제안들이 채택되어 상당 금액의 포상금과 온누리상품권 등을 받고 있다.)

현재 국민신문고에서는 공동제안, 단체제안, 공모제안, 일반제안을 아이콘으로 구분하고 있다. 공모제안 등이 표시되게 아이콘으로 나눠진 것도 필자의 제안 결과이다.

국민신문고의 화면 구성을 이용자 중심으로 개선하자는 필자의 제안으로 현재 국민신문고 여기저기에서 개선 반영되어 있다. **공모제안을 신청하는 법은 제4장 처음부터 끝까지 상세하게 설명하였으니 세부 내용을 참고하기 바란다.**

공동제안과 단체제안은 일반제안과 공모제안 모두 할 수 있는데 대략적인 과정을 설명하면 다음과 같다.

공동신청인	※ 공동제안자는 5명까지 가능합니다.	추가
이름 ✔		
생년월일 ✔		
기여도 ✔	(%)	
유선전화	- -	
휴대전화	010 ▼ - -	
전자우편	@ 선택하세요 ▼	
	삭제	

공동제안은 나 혼자 만든 제안이 아니라 제안을 누군가와 함께 만들었을 때 제안을 만든 기여도에 따라 배분하여 제안한다는 의미이다. 최대 본인(주제안자) 외 5명까지 추가(부제안자)할 수 있는데 인원이 많다고 유리한 점은 없다. 추가 버튼은 공동제안자 인원수를 늘릴 때 클릭하고 삭제 버튼은 공동제안자 인원수를 줄일 때 클릭하면 된다. 이름. 생년월일, 기여도만 필수이며 나머지 항목은 채워 넣지 않아도 된다.

공동제안이라도 우수제안 선정 시 주제안자가 상을 받고 부제안자의 기여도에 따라 상을 받을 수도 있고 못 받을 수도 있다 일부 기관에서는 수상자 문제 발생을 사전에 차단하기 위해 상장(표창장)은 주제안자만 준다고 미리 공지하기도 한다. 부상금은 기여도에 따라 공정하게 나눠주는 것이 현재의 관례이다. 필자는 공동제안을 본인(주제안자) 포함 최대 3명을 초과하지 않을 것을 추천한다.

제안을 함에 있어 서로의 부족한 부분을 보충해 주는 제안 활동 파트너가 있다면 가급적 3명 이내로 할 것을 추천한다. 사공이 많으면 배가 산으로 가듯 제안서에도 사공이 많으면 처음 아이디어가 깨어질 수 있다. 또한, 누구는 상을 받고 누구는 못 받는 일이 생겨 버리면 제안서를 만들기 위해 좋은 취지로 만든 제안활동 모임 자체가 깨질 수도 있다. 가장 이상적인 공동제안은 2명이 50대 50의 기여도로 만드는 제안서이다. 최종 우수제안으로 선정되면 상을 함께 받을 수 있다.

공모제안은 자체 신청서를 제공하는 경우가 대부분인데, 공동제안의 경우 제안 신청서 양식에 제안자와 공동제안자의 기여도를 아래와 같이 각각 기록하도록 하고 있다.

제	성 명		생년월일	
	주소 또는 소속.직급(직위)			
안	기여도(%)		E-mail	
자	전화번호	(휴대폰 :)	팩스번호	
공동제안자 (1인 제안인 경우 미기재)	성 명	생년월일	주소 또는 소속.직급(직위)	기여도(%)

제안을 함께하는 법에 대해서는 제 10장 3의 내용을 참고하기 바란다.

국민제안은 '신청서 작성 및 유사사례 확인 – 기관선택 – 신청완료의 '3단계로 이뤄진다. 일반제안은 개인정보 수집 및 이용 안내를 읽고 동의에 체크한 후 신청인 본인인증 화면에서 개인, 단체 중 하나를 선택하고 다음을 클릭하면 된다.

신청인 본인인증   ✔ 표시는 필수 입력사항입니다 도움말 ?

신청인 구분 ✔   ● 개인   ○ 단체   ○ 공무원

신청인 이름 ✔   최온석

다음 >

개인제안과 달리 단체제안은 신청서 본인인증 단계에서 '단체'를 선택한 후 다음을 클릭해야 한다. 개인을 선택하면 일반제안, 단체를 선택하면 단체제안이 된다.

단체명은 원하는 대로 입력하면 되고 단체제안이 우수제안으로 선정되었을 경우 대표자가 수상을 하고 단체명이 기록된 상장(표창장)을 받을 수 있다.

단체제안은 제안 제목 마지막에 단체제안 아이콘이 표시된다.

국민제안활동을 혼자 하는 것이 힘들 경우 가장 마음에 맞는 사람과 서로의 장단점을 보완해주며 함께 제안활동 할 것을 권장하고 싶다. 하지만, 너무 개성이 강한 사람과 함께하면 아니한 것보다 못할 수 있고 공동으로 만든 제안서가 자칫하면 최초의 내용과 다른 방향으로 갈 수도 있다는 점을 꼭 염두에 두기 바란다. 함께할 때는 서로의 의견을 존중하되 충돌이 일어나면 한 쪽이 양보할 것을 추천한다.

긍정적 생각이 많은 사람에게는 긍정적 제안거리가 생활 속에서 보일 것이다. 반면에 부정적 생각이 많은 사람들의 눈에는 생활 속 모든 것 들이 제안이 아닌 민원거리로 보일 것이다.【창의력대통령 최은석】

2. 국민신문고 점수

국민신문고에서는 점수에 대해 다음과 같이 설명한다.

국민신문고 점수는 국민신문고에서 활동한 정도를 나타내는 회원 서비스이다. 국민신문고 점수는 국민신문고에서의 활동에 대해 부여되는 점수를 의미하며, 적용 대상은 회원만 포인트 누적이 가능하다. 국민제안 활동, 설문조사 참여 등 다양한 활동으로 신문고 점수를 획득할 수 있으며, 신문고 점수를 5,000점 이상 획득한회원은 전자공청회 및 정책 토론 진행시 토론자로 활동할 수 있는 자격이 주어진다.

국민신문고에서는 점수 적립 방법을 안내하고 있다.

회원 가입 100점에서 시작하여 제안신청 1건당 10점, 제안 심사결과에 대한 만족도 조사 10점을 더하면 120점이 된다.

⊙ **국민신문고 점수 적립방법**

회왕	구분	활동항목	대상	점수	비고
일반회원	회원서비스	회원가입	국민신문고 회원가입자	100	탈퇴시 차감
일반회원	국민제안 ※ 공모제안은 제외	제안 등록 시	안건등록자	10	제안에서 민원으로 이첩시 차감 (민원에서 제안으로 이첩시 추가)
		채택제안 선정 시	안건등록자	200	
		주천제안 선정 시	안건등록자	500	
		포상제안 선정 시	안건등록자	1,000	
일반회원	정책참여	정책토론 의제신청 승인 시	의제 발제자	100	
		토론글 추천 시	글 등록자	20	
		설문조사 참여 시	설문조사 참여자	10	
일반회원	기타	민원 만족도 조사 참여 시	만족도 참여자	10	
		제안 만족도 조사 참여 시	만족도 참여자	10	

최은석 님
[후보 전문가]

P점 **점수 100,020점**
점수 안내 ›

국민신문고 점수 100,000점을 단순하게 수치로 계산해보면, 제안 5,000건, 만족도 조사 5,000건을 해야 쌓을 수 있는 점수이다. (채택점수 1건당 200점은 미반영함) 제안신청 점수가 가산되지 않는 공모제안이 아닌 일반제안 신청만 5,000건을 해야 쌓을 수 있는 점수이다. 제안 5,000건은 10년간 매년 500건, 매일 약 1.34건의 제안을 해야 한다. 제안 심사결과 채택되고 포상 받는 횟수가 늘어날수록 국민신문고점수는 급격하게 올라간다. 국민신문고 점수가 조금씩 올라가는 재미가 느껴질 때 여기저기서 상 받고 상금도 받으며 취업준비생의 이름에 대한 자존감 역시 올라감을 자연스럽게 느낄 것이다.

3. 민원성 제안과 정책성 제안

제안에는 민원성 제안과 정책성 제안이 있다. 민원성 제안은 생활 속 불편을 해소해달라는 불만이 담긴 제안들이 대부분이다. 정책성 제안은 민원성 제안과 달리 문제를 해결하기 위한 창의적인 의견과 문제 해결 후 벌어지게 될 기대효과들이 담겨져 있다.

초보제안자들이 하는 대부분의 제안들이 민원성 제안이다. 초보를 탈피하여 초급, 중급을 거침에 따라 민원성보다 정책성 제안을 더 많이 함을 스스로 느끼게 된다. 많은 제안서를 만들면서 아이디어 발굴법과 글쓰기 표현법이 점차 제자리를 잡아갔기 때문이다.

먼저 제안으로 볼 수 없는 사항을 반드시 알고 가자.

밤새 고민해서 만든 제안이 민원으로 이관되거나 단순 건의사항으로 판단되어 민원 또는 불채택 처리되는 경우 다음의 내용 전체 또는 일부를 언급하는 것을 답변에서 볼 수 있다. 일단 애써 만든 제안이 민원 또는 불채택 처리 당하지 않으려면 최대한 주의하여 제안을 만들어야 한다.

〈제안 전 반드시 읽어 볼 주의 사항〉
아래의 사항은 제안으로 보지 않습니다.
◎ 일반적으로 공지되었거나 이미 이용되고 있는 것
◎ 타인이 취득한 특허권·실용신안권·디자인권·저작권에 속하는 것이거나 「공무원 직무발명의 처분·관리 및 보상 등에 관한 규정」에 의하여 보상이 확정된 것
◎ 이미 채택된 제안이거나 그 기본 구상이 유사한 것
◎ 일반 통념상 그 적용이 불가능하다고 판단되는 것
◎ 단순한 주의 환기·진정·비판·건의 또는 불만의 표시인 것
◎ 국가나 지방자치단체의 사무에 관한 사항이 아닌 것

내가 만든 제안이 민원인지 제안인지를 판단하는 것은 내가 아닌 제안 접수 기관의 담당자이다. 접수 담당자의 마인드에 따라 때로는 분명하게 제안이 맞는데도 민원으로 분류되기도 한다. 그 반대로 분명하게 민원이 맞는데도 제안으로 분류되어 채택되는 경우도 자주 발생한다. 민원성 제안과 정책성 제안을 명확하게 구분해야 함에도 현실은 그렇지 못함을 알게 될 것이다.

다음 제안은 민원성 제안인가? 정책성 제안인가?
불법 소각된 내용에 대해 벌금을 부과하라는 원론적 내용으로 분명한 민원성 제안인데 충남 **군에서는 제안을 채택하고 실현하였다. (국민신문고 공개제안 발췌)

지속적인 불법소각 행위에 대한 대책을
마련해주셨으면 좋겠습니다.

현황 및 문제점

이 무더운 여름날 거의 매일 저녁시간 or 야심한 밤 시간대 불법소각하며 태우는 냄새가 집안으로 들어옵니다. 연기에 질식할 것 같고 짜증나며 답답합니다.

개선방안

농사현장 및 소각흔적이 있는 주변을 집중적으로 교육이 절실히 필요하며, 이런저런 이유로 봐주지 말고 법에 나와 있는 대로 불법소각에 대한 벌금을 부여해야 합니다.

기대효과

무더운 여름 시원한 바람과 쾌적한 공기를 마실 수 있으며 더이상 눈이 따가운 일이 없을 것입니다.

일부 지자체는 타 지역 거주자가 한 제안에 대해서는 엄격하게 적용을 하고 지역 거주자에게는 관용적으로 민원을 제안으로 인정하는 사례가 비일비재(非一非再)하게 벌어진다. 100% 민원임에도 어느 지자체는 민원으로, 어느 지자체는 제안으로 처리되어 국민제안자를 당혹하게 만들고 있다.

다음은 100% 불친절 민원임에도 접수기관인 대구광역시 **청은 제안으로 인정하여 채택한 사례를 예로 든다. 보통 이러한 불친절사항은 민원으로 접수(이관) 시켜 처리하는 것이 정석인데 **구청은 공무원의 최대 약점인 불친절 민원이기에 제안으로 접수하여 채택 실현하였음을 답변을 보면 알 수 있다. (국민신문고 공개제안에서 일부 발췌)

공무원의 업무태만과 비상식적인 태도에 화가 나서

현황 및 문제점

도로공사로 교통체증이 발생하였고 (중간 생략) 아무 문제가 없었는데 왜 그러냐면서 저를 다그쳤습니다. 그 당직자께서는 저보고 당신이 그럼 대안을 한번 내놓아보라고 하는 것이었습니다. 저는 공무원도 아니고 전문지식도 없는데 저보고 해결방안을 제시하라고 하니 정말 어이가 없었습니다. 공무원들의 이런 책임감 없는 행동을 규탄하고 적절한 조치 부탁드립니다.

개선방안

민원이 들어오면 그에 대응할 수 있는 인력들이 당직근무를 설 수 있도록 조치를 부탁드리고 다시는 주민에게 대안을 제시하라니 다그치듯 주민위에 군림하는 공무원이 없도록 정신교육 강화와 현장근무를 체험하게 만들어야 한다고 생각합니다.

기대효과

현장감 없는 공무원들이 사무실에만 있지 않고 주민들과 함께한다면 더 나은 도시를 만들 수 있고 불편을 최소화 할 수 있다고 생각합니다.

〈**청 공무원의 답변〉

[완전실시]
○ 물의를 야기한 직원에 대하여 엄중 주의 조치하고 민원인 응대자세와 당직근무요령등 특별 교육을 실시하여 향후에는 이러한 불미스러운 사례가 재차 발생하지 않도록 하였음
○ 당직 근무 시 건설, 건축, 환경 등 기술직공무원을 적절히 안배 편성하여현장 민원이 원만하게 해결 되도록 하였음

애써 만든 나의 제안은 계속 불채택 되고 있는데 누가 봐도 명백한 민원인데

도 남이 만든 민원은 제안으로 채택되어 규정대로 제안활동을 하는 국민제안자들의 사기를 떨어뜨리게 된다.

다음 사례를 보면 제안의 기본 구성인 현황 및 문제점-개선방안-기대효과도 갖추지 않은 명백한 민원인데도 경북 **시는 제안으로 인정하고 채택하고 일부 실시하였다. (국민신문고 공개제안에서 발췌)

똥 싼 놈 따로 있고 치우는 놈 따로 있나

현황 및 문제점

세 들어 사는 수도사용자가 사용하고 미납한 금액이 178만원, 독촉하였으나 내지 않는다고 하여 주인 건물에 가압류를 함. 수도사용자는 세 들어 사는 사람인데 왜 주인재산에 가압류를 합니까? **시 수도급수조례에 주인재산에 압류하라는 조례는 없는데 말이죠. 지방법대로 한 거라고 하네요. 똥 싼 놈은 따로 있는데 왜 난 똥도 안 쌌는데 그걸 왜 나보고 치우라는 건지 공무원들이 문제의식 좀 가지고 일 합시다. 당신이 주인이라면 안 억울하겠어요?

국민제안의 가장 기본적인 구성 3단계도 지키지 않은 민원을 제안으로 채택해 준 배경은 무엇일까? 민원이 두려워 제안으로 인정하여 채택하면 어떠한 일들이 발생되는지 알고 있을까? 공무원들이 민원에 약하다는 사실을 몸소 체감하고 한 번 재미를 보면 계속 이런 식으로 민원을 제안을 접수시켜 채택시키려 한다. 한번 맛들인 민원성 제안채택이 마약처럼 계속 민원제기를 부추기게 되는 것이다.

명백한 민원들이 황당하게 제안으로 채택되는 건으로 인해 제안자들 사이에는 '제안은 복불복(福不福)'이라는 말이 있다. 명확한 민원들이 민원으로 처리되지 않고 제안으로 접수되어 자꾸 채택되기 시작하면 국민제안자들 중 일부는 이런 제안을 악용하여 여기저기 민원을 제안으로 접수시키기 시작한다. 국민제안의 세계는 점점 혼탁해지고 성실하게 국민규정을 준수하는 선의의 국민제안자들은 피해를 입게 되는 것이다.

깨끗한 제안문화 활성화 차원에서 정당하게 제안하고 우수 제안으로 당당하게 인정받아 상장(표창장)과 부상금(포상금)을 받기를 당부하고 싶다. 또한, 제안 접수 기관에서도 민원은 민원으로 정당하게 이관시켜 처리하고 항의성 민원을 받더라도 소신껏 응대해 주길 바란다. 제안 역시 민원으로 이관시키는 일이 없도록 민원과 제안을 구분하는 법을 자체 교육하여 관련 규정대로 공무원들이 민원을 두려워하는 문화를 개선하여 소신껏 당당하게 처리해 주길 부탁한다.

국민신문고에 다음과 같은 내용을 민원으로 제출할 수 있습니다.
1. 법령·제도·절차 등 행정업무에 관한 질의 또는 상담형식을 통한 설명이나 해석의 요구 2. 정부시책이나 행정제도 및 운영의 개선에 관한 건의 3. 행정기관의 위법부당하거나 소극적인 처분 및 불합리한 행정제도로 인하여 국민의 권리를 침해하거나 국민에게 불편 또는 부담을 주는 사항의 해결 요구 4. 그 밖의 행정 기관에 대하여 특정한 행위를 요구하는 사항 (단, 아래의 사항은 민원으로 보지 않습니다.)
 1. 행정기관과 사법상의 계약관계에 있는 자가 사법적 효과를 얻기 위하여 행정기관에 특정한 행위를 요구하는 경우
 2. 성명, 주소 등이 불명확한 자가 행정기관에 특정한 행위를 요구하는 경우
 3. 행정기관이나 공공단체 또는 소속직원이 인사행정과 관련하여 행정기관에 특정한 행위를 요구하는 경우 등

국민신문고에서는 제안을 민원으로 이관시키거나 불채택 사유로 제시할 때 주로 답변하는 내용에 대해서는 다음과 같이 설명하고 있다.

정부시책이나 행정제도·운영의 개선을 목적으로 행정기관에 창의적인 의견 또는 고안을 제출하실 수 있습니다. 제출된 제안은 실시가능성, 창의성, 효율성 및 효과성, 적용범위, 계속성, 직접적인 경비절감의 추정금액 등의 심사기준에 의거, 채택심사 및 포상을 실시합니다.

(단, 아래의 사항은 제안으로 보지 않습니다.)

1. 일반적으로 공지되었거나 이미 이용되고 있는 것
2. 타인이 취득한 특허권·실용신안권·디자인권·저작권에 속하는 것이거나 「공무원 직무발명의 처분·관리 및 보상 등에 관한 규정」에 의하여 보상이 확정된 것
3. 이미 채택된 제안이거나 그 기본구상이 이와 유사한 것
4. 일반 통념상 그 적용이 불가능하다고 판단되는 것
5. 단순한 주의 환기·진정·비판·건의 또는 불만의 표시인 것
6. 국가나 지방자치단체의 사무에 관한 사항이 아닌 것

불채택 되는 제안들은 거의 3번, 5번 사유인 경우가 많다. 어떤 행정기관은 창의적 아이디어가 접수되면 이미 계획 중 또는 추진하려고 준비 중이라고 하면서 구체적인 근거도 제시하지 않은 채 국민제안의 알맹이만 가져가 버린다. 필자 역시 **부, **처, **도를 비롯하여 여러 곳으로부터 근거나 증빙 없이 이미 생각하고 있던 정책 아이디어라고 하며 불채택 당한 황당한 사례가 자주 있었다. 그런데 얼마 뒤 다시 찾아보면 필자의 제안 그대로 시행하고 있었다.

제안활동을 하다보면 황당한 제안 처리를 하는 행정기관을 자주 만나게 된다. 명확한 설명도 없이 무작정 민원으로 이관시켜 버리고는 오랫동안 방치해 버린다. 제안자가 지치면 그때 민원으로 대충 답변하는 경우도 있었다. **시에서 단순 건의라고 판정하여 불채택하였거나 민원이관시킨 사례가 **부에서는 우수제안이 되어 표창과 함께 상금을 받기도 했다. 필자가 겪은 수많은 이해 안 되는 민원 이관뒤에 숨은 이야기를 적으면 책 열 권 분량이상이 나올 것이나 가슴에 묻고 생략한다.

초보자들은 애써 만든 제안이 수긍할 수 없는 이유로 민원 이관되면 마음의 상처를 받게 된다. 제안 의욕을 상실하게 된다. 이런 일이 두 번, 세 번, 네 번 그 이상 반복되면 포기하게 되고 제안제도에 대해 부정적인 마인드가 형성된다. 그 때부터는 제안이 아닌 민원을 만들고 있는 자신을 발견하게 된다.

필자는 시간과 노력을 투자한 제안이 민원으로 이관되면, 스트레스 받지 말고 과감하게 취하할 것을 추천한다. 물론 제안 전문가는 민원으로 이관된 제안이나, 불채택된 제안을 채택으로 만들 수 있는 방법을 연구하여 다시 제안하여 채택시키는 경우도 많이 있다. 하지만, 제안자들의 95%이상을 차지하는 초보, 초급제안자들은 민원이관한 공무원들과 유선으로 언쟁을 한다든가, 아니면 불친절 민원을 제기하게 된다. 이러한 과정으로 마음의 상처를 받게 되면 제안을 계속 하고픈 의욕이 위축되거나 부정적 마인드가 강하게 자리 잡게 되니 차라리 쿨(Cool)하게 취하할 것을 추천한다. 스트레스 받고 실랑이 하는 시간에 차라리 다른 제안을 하는 것이 더 낫기 때문이다.

밤새 고뇌하여 만든 제안을 *** 에 제안하여 불채택, 민원이관 되었다면, 필자는 먼저 그 제안이 진짜 제대로 된 제안인가 한 번 더 생각해 보고 억울하다면 ① 불채택된 제안이라면 15일 이내 재심사를 신청한다. 재심사에서 채택이 될 확률은 5% 미만이다. ② 재심사마저 다시 불채택된다면, 다른 곳에 적용할 수 있는 제안인지 판단해야 한다. 예를 들어 A시에도 적용 가능하고 B시에도 적용 가능하다면 A시 불채택 제안을 B시로 다시 신청 해 볼 것을 추천한다. 제안 운(運)이 좋을 수도 있고 국민제안에 대해 신중하게 검토하고 답하는 열린 마인드를 가진 적극적 행정을 추구하는 제안심사자를 만날 수 있으면 제안이 채택되는 경우도 있다. 필자는 지금까지 불채택 제안을 재심사 또는 다른 곳에 다시 제안하여 채택, 포상 받은 경우가 많았다.

하지만, 국민들은 전문적인 시각을 가진 공무원이나 공공기관 근무자가 아니기에 가장 쉽게 정책 제안할 것을 추천한다. 제안의 3단계 구성인 '현황 및 문제점 – 개선방안 – 기대효과'를 지켜주고 항상 강조한 내용인 '내가 아닌 우리의 입장에서 실현 가능한 구체적인' 개선방안을 제시하여 '일부가 아닌 모두'가 긍정적 혜택을 볼 수 있게 하는 제안이 필자가 가장 추천하고픈 정책 제안 스타일이다. 간결하지만 모두가 수긍하고 반드시 필요한 내용을 담은 제안이 핵심 포인트이다.

4. 국민제안 심사결과

국민신문고를 통해 국민제안을 시작하게 되면,
① 민원이관 ② 불채택(답변 완료) ③ 제안채택(제안추진 – 제안실현) ④ 부

분(일부)채택, 4가지 제안 심사결과를 만나게 된다. 제안자의 입장에서 보면 ③ 제안채택 ④ 부분(일부)채택은 기분이 좋은 심사결과이고 ① 민원이관 ② 불채택(답변 완료)는 기분 나쁜 심사결과이다. 특히, 애써 만든 제안이 민원으로 이관되면 가장 기분 나쁜 심사결과로 느껴질 것이다.

불채택(답변 완료)왜 불채택인지 사유를 명확하게 설명하는 경우 제안자가 수긍하며 물러나지만 그렇지 못할 경우 은근히 화가 날 것이다. 15일 이내 재심사 신청을 할 수는 있지만 재심사에서 제안이 채택될 확률은 5% 미만이라고 보면 된다. 물론 전문가 수준이 되면 불채택 제안을 채택제안으로 바꿀 수 있지만 초보 및 초급제안자들에게는 절대 추천하고 싶지 않다. 차라리 그 시간에 다른 제안서 한 장 더 만드는 것이 효율적이다.

필자는 시간과 노력을 투자하여 만든 제안이 민원으로 이관되면 미련 없이 즉시 취하해 버린다.

| 🔒 한 눈에 보기 쉽도록 국민 생활 안전.. | | 경기도 성남시 | 18-09-24 | 민원이관 |

제목	처리기관명	신청일	추진상황
ⓘ 한 눈에 보기 쉽도록 국민 생활 안전 확보.. NEW	성남시	18-09-28	취하
ⓘ 경기도교육청 우수 정책의 단절 개선으로 감.. NEW	경기도교육청	18-09-20	취하

취하하는 방법은 ① 수정을 클릭한다.

처리 예정일	2018-10-24 23:59:59
	※ 민원처리기간은 최종 민원 처리기관의 접수일로부터 보통 7일 또는 14일입니다.
	(해당 민원을 처리하는 소관 법령에 따라 달라질 수 있음)

수정   취하   인쇄   **목록**

② 취하 사유를 간단히 적고 민원취하완료를 클릭한다.

민원취하

신청번호	1AA-1810-218.
제목	경기도교육청 우수 정책의 단절 개선으로
취하사유	

작성취소   **민원취하완료 ❯**

제안자에게 가장 기분 좋은 결과인 ③ 제안채택(제안추진-제안실현)에 대해서는 책 곳곳에 잘 설명되어 있으니 참고하기 바란다.

여기에서 집중적으로 다룰 이야기는 국민제안의 심사결과 중 ④ 부분(일부) 채택 사례이다. 시간과 노력을 투자한 국민 제안을 꼼꼼하게 읽어 본 후 제대로 된 제안 심사를 하고 답변 처리를 하는 국민제안 접수 기관이 있다. 제안자의 입장에서는 상당히 고마운 제안 심사 기관이고 대부분의 답변을 제안자 중심으로 배려하여 아주 상세하게 달아준다.

다음의 산림청 뉴스 기사 사례를 보고 아이디어 제안거리 발굴 및 제안서 만들기 과정 연습과 함께 부분(일부) 제안채택을 배워보자.

「산림청이 18일 서울 중구 문학의 집에서 시민, 대학생, 임업 관련 단체 신규 직원 등 100여명이 참석하는 '산림청장과 함께하는 토크콘서트'를 개최한 가운데 산림청장과 참석자들이 질의응답을 하며 소통의 시간을 갖고 있다.」

① '100여명이 참석하는 산림청장과 함께하는 토크콘서트'란 기사를 보고 떠오르는 제안거리 메모하기

② 어떠한 아이디어 제안거리가 보이는가? 우리의 입장, 국민의 입장, 행사 참가자의 입장에서 다시 한 번 관찰해보자.

③ 문제점과 개선방안을 함께 생각하여 메모해 보자.

문제점	
개선방안	

④ 이제 여러분의 생각과 필자의 제안을 비교해 보자.

필자는 다음을 염두에 두고 산림청 행사를 살펴보았다.

"과연 누구를 위한, 무엇을 위한 행사였는가?"

"행사에 와서 무엇을 했다는 건가?"

"국민이 중심인가? 산림청이 중심인가?"

위 세 가지 질문을 연구해 보니 문제점이 떠올랐다. 100여명이 참석해서 어떤 내용을 질의응답하며 소통했는지는 나타나 있지 않다. 내용이 없으니 청장과 토크쇼 행사가 홍보의 목적인지? 아니면 소통이 목적인지도 분명하지 않다. 행사에 참석한 국민 100여 명의 역할은 과연 무엇이었을까?

⑤ 다음은 문제점에 대한 개선방안을 생각해보았다.

'산림청장과 함께하는 토크 콘서트' 진행방식을 시대에 맞게 국민중심으로 바꾸고 구체적 요약 내용을 함께 전달하여 국민들이 왜 토크콘서트를 하게 되었는지를 분명하게 하자.

위의 내용으로 제안서를 꾸며보았다. 여러분의 생각과 같은지 비교해 보기 바란다. 주의할 점은 필자가 문제점과 개선방안을 어떻게 표현하여 이해시키는지와 제안자가 아닌 심사자의 입장에서 얼마나 이해하기 쉽게 글쓰기를 표현하는지에 대해 살펴보기 바란다.

국민이 주인공이 된 산림청 토크 콘서트의 파워 브랜드 가치 제고

현황 및 문제점

산림청 홈페이지 검색 중 알게 된 " 산림청장과 함께하는 토크콘서트 개최" 행사 앨범은 다음과 같다. (위 사진 참조)

그런데, 100여명이 참석해서 어떤 내용을 질의응답하며 소통했는지는 나타나 있지 않다. 내용이 없으니 청장과 토크쇼 행사가 홍보의 목적인지? 아니면 소통이 목적인지도 분명하지 않다. 국민이 중심이 된 "국민의 나라 정의로운 대한민국"의 정서와 부합되는 면도 발견되어 개선이 필요하다.

여러분이라면 위와 같은 문제에 대해 어떤 방법으로 해결책을 제시하겠는가? 초보자에게는 조금 어려운 제안이지만 마인드맵으로 한 번 개선방안과 기대효과를 그려 본 후 필자의 답과 비교해보자. 개선방안에 너무 많은 부정적 내용이 들어가면 민원이 되어 버린다. 잊지 말자. 부정은 민원을, 긍정은 제안을 낳는다.

개선제안

산림청에서는 (중간 생략)"산림청장과 함께하는 토크콘서트" 진행방식을 시대에 맞게 국민 중심으로 바꾸고 구체적 요약 내용을 함께 전달하여 국민들이 왜 토크 콘서트를 하게 되었는지를 분명하게 알게 하여 산림청 정책 추진에 공신력을 제고시킬 것을 제안합니다.

1. "산림청장과 함께하는 토크콘서트"→"국민과 함께하는 산림청장의 토크콘서트"로 변경 ☞ 산림청장이 아닌 국민 중심의 시대입니다.
2. 단순 안내가 아닌 토크콘서트의 목적, 주요 소통 내용을 함께 안내하여 토크 콘서트 개최의 타당성과 이해도를 제고시키주고 (토크콘서트의 주인공으로

국민들이 무엇을 했는지 공개)
3. 산림청 우수 정책 국민제안자를 초청, 산림청발전 정책 제안을 사전에 하나씩
   준비하여 토크콘서트 때 질의 발표 후 산림청에서 응답하는 것이 가장
   효율적 토크콘서트가 될 것입니다.

여러분의 마인드맵 결과와 비슷한가? 기대효과는 '현황 및 문제점'과 '개선방안'의 내용으로 작성하고 한 줄은 국민의 입장에서 한 줄은 제안 접수 기관의 입장에서 적는 것이 가장 쉽다.

기대효과

실질적 산림 정책 발전을 위한 소통의 시간이 되었음을 국민들이 투명하게 알도록 하고 이해도 제고 및 산림청 정책에 대한 공신력 제고 청장이 중심이 된 토크 콘서트가 아닌 국민이 중심이 된 토크 콘서트, (중간 생략) 개최로 참가자들의 만족도 극대화로 현재보다 더 나은 긍정적 효과를 창출할 수 있으며 1회성이 아닌 산림청 토크 콘서트의 파워 브랜드 가치 제고에 기여할 수 있습니다.

여러분이 머릿속에 그린 기대효과와 비슷한가? 위 제안은 초보, 초급제안자들에게는 다소 어려운 제안으로 중급 제안자에게 적합한 제안 스타일이다.

여기서 반드시 짚고 넘어가야할 포인트는 문제점들에 대한 개선방안을 세 가지를 제시하였다는 점이다. 개선방안의 숫자가 많은 것은 그 숫자만큼 제안이 불채택 당할 확률이 커지는 리스크를 가지고 있다.

제안 심사기관에 따라, 담당공무원의 마인드에 따라 극과 극의 양상을 보이지만 대부분의 기관에서 다른 것은 다 맞다하더라도 한 두 줄 적은 문구를 트집 잡아 불채택 해버리는 경우가 허다하다. 그래서 초보/초급 제안자들은 최대한 간단하게 제안하길 바란다. 내용이 아주 간단하면 트집 잡힐 문구나 내용이 줄어들기에 억울한 불채택 확률을 크게 줄여줄 수 있다.

제안의 내용이 많다고 우수제안이 되는 것도 아니고 국민제안은 정책 이해도가 높은 공무원 제안과 달리 비전문가 제안이기에 현실 실현 가능한 아이디어 측면에서 심사를 하는 경우가 많다.

산림청으로 2018년 7월 22일 제안신청, 7월 23일 산림청(기획조정담당관)에서 접수, 8월 20일 산림청은 최종 필자의 제안 모두가 아닌 일부를 부분채택하였다. '부분채택'은 문제점에 대한 여러 가지 제안자 의견(개선 방안)에 대하여 일부 아이디어는 채택하지만, 나머지 아이디어는 ① 이미 유사하게 시행 중이거나(유사제안) ② 현실적으로 받아들이기에 힘들거나(불채택) ③ 중장기적인 검토가 필요한 사항일 때(거의 불채택) 제안 심사기관에서 제시한 아이디어에 대해 각각 이유를 설명하며 그중 일부를 채택하여 적용 시행하겠다는 제안 심사결과이다.

제목	처리기관명	신청일	추진상황
🔒 국민이 주인공이 된 산림청 토크 콘서..	산림청	18-07-22	제안추진

산림청에서 아주 상세하게 검토하여 답변(부분채택, 기시행, 불채택)으로 구분 답변해 주었다. 불채택 사유는 다소 이해가 되지 않지만 상세한 답변을 했다는 점에 산림청에 큰 박수를 보내고 싶다.

귀하께서 제안하신 내용을 다음과 같이 답변 드립니다.

- "산림청장과 함께하는 토크콘서트" → "국민과 함께하는 산림청장의 토크 콘서트"로 변경(부분채택)
- ☞ 향후 위와 같은 토크콘서트 개최 시 국민의 중심이 되어야 한다는 취지의내용을 가미한 토크콘서트 명칭을 적극 발굴하여 반영할 예정
- 단순 안내가 아닌 토크콘서트의 목적, 주요 소통내용을 함께 안내하여 토크콘서트 개최의 타당성과 이해도 제고, 국민들의 토크 콘서트의 주인공으로 무엇을 했는지 공개(기시행)
- ☞ 토크콘서트 진행시 인터넷방송(유투브, 페이스북)으로 실시간 중계하였으며, 녹화 내용을 홈페이지에 올려놓았음
- 산림청 우수 정책 국민제안자를 초정, 산림청 발전 정책 제안을 사전에 하나씩 준비하게 하여 질의발표하는 효율적 토크 콘서트 (불채택)
- ☞ 7.18.(수) 개최 토크콘서트의 개최 목적이 문재인정부 1년간의 성과를 알리고 산림청에 대한 여러국민들의 다양한 의견을 수렴하는 것이 목적으로 정책제안자를 초청 발표는 행사 취지와 맞지 않음

이상으로 국민제안의 '부분(일부)채택'이란 제안심사 결과에 대해 설명했다. 사례로 제시한 산림청의 상세한 답변은 접수된 모든 제안마다 해 주는 것은 아니다. 어떤 제안은 수긍이 안가는 답변을 하며 불채택 또는 민원 이관을 시키기도 한다.

제안활동을 오랫동안 해 보면 제안을 심사하는 담당자의 의지에 따라 제안의 운명(민원이관, 불채택, 채택)이 갈라지는 경우가 많았다. 공무원들이 국민 제안을 대하는 마인드가 천차만별이다. 어떤 공무원은 제안 자체를 귀찮아 하기도 한다. 접수해 놓고 오랫동안 방치하다가 슬그머니 불채택 처리하며 황당한 답변을 달기도 한다. 필자는 공모제안 한 지 2년 넘게 방치하다가 갑자기 불채택 처리를 당한 경우도 여러 번 있었다. 필자의 제안이 아직 심사 중인데 공모제안의 결과가 발표된 적도 많았다.

필자가 이의를 제기하면 더 황당한 것이 제안 심사 누락의 잘못을 인정하기보다 다음 심사 때 포함 시켜 줄 예정이니 이번에는 그냥 넘어가자고 말도 안 되는 회유를 하는 곳도 있었다. 심사도 안 끝난 상태에서 우수 제안이 선정되어 버린 청렴하지 못한 공모전 프로세스의 문제점에 대해 전혀 인식하지 못하고 있는 것이었다.

일부 정부기관, 지자체, 교육청 등에서는 부분(일부) 채택을 하지 않고 제안서의 여러 가지 개선방안 중 한 두 개 또는 특정 문구를 트집 잡아 불채택 처리하고 나머지 개선방안은 아무런 보상 없이 슬그머니 가로채어 시행하는 경우가 많다는 것을 제안활동을 오래 할수록 알게 될 것이다. 공무원들의 기본 마인드가 바뀌지 않는 한 국민 중심의 청렴한 제안제도 운영은 어려운 과제이다. 제안활동 중 국민의 제안에 대해 감사하게 생각하며 책임감 강하고 친절한 공무원을 만나길 기원한다.

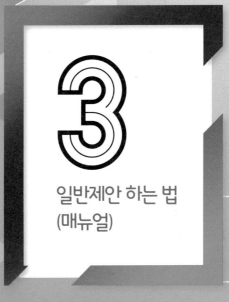

3

일반제안 하는 법
(매뉴얼)

3장. 일반제안 하는 법 (매뉴얼)

일반제안은 365일 언제든지 수시로 신청 가능하다.

최근 국민들이 가장 관심을 가지는 '안전'에 대해 행정안전부의 홈페이지를

보고 일반제안 아이디어를 발굴하여 제안 신청하는 과정을 시연 설명한다.

국민재난안전포털(http://www.safekorea.go.kr) 사이트를 둘러보니 깨진

유리창이 보였다. 국민들의 소리를 경청하고 있지 않는 미흡한 행정을 발견

하였다.

최대한 빨리 응대가 이뤄져야 할 Q&A인데도 국민의 질문에 2018년 이후 전혀 응답이 이뤄지지 않았다.

번호	제목	작성자	작성날짜	조회수
6	2018년 행정안전부나 국가기관에서 주최하는 재난안전관련 박..	김**	2018-01-17	31
5	무선통신보조설비의 화재안전기준에 의거한 시설 기준 문의	김**	2018-01-17	24
4	2018 재난대응훈련 날짜가 궁금합니다.	부*****	2018-01-14	56
3	올해서지 변경으로 인한 자료찾기에 대해 질문이 있습니다 [답]	윤**	2017-08-10	57
2	비상소집 오류건의로 확인부탁드 입니다 [1건 답변완료]	정**	2017-06-29	55
1	민방위훈련 [1건 답변완료]	○**	2017-06-26	216

전체 116 건

< 12/ 12 > 12 이동 등록

제안거리를 발굴했으니 제목과 제안 구성 3단계 만들기

① 제목을 정하자.

　1안) 국민의 소리를 경청하여 응대하여 행정안전부 깨진 유리창 개선

　2안) 국민의 궁금증 소리에 메아리 응대로 행정안전부의 공신력 제고

　3안) 국민과 쌍방향 소통 활성화로 국민재난안전포털 이용자 만족도
　　　극대화

② 3안으로 제목 선택

③ 제안의 3단계 구성인 '현황 및 문제점 - 개선방안 - 기대효과'를 글로
　표현하기

〈현황 및 문제점〉

행정안전부에서는 국민재난안전포털 운영 주무부처로 국민들의 안전 확보를 위해 노력하고 있다. 그러나 다음과 같이 안전과 관련한 국민의 소리를 경청하지 않고 방치하여 국민들에게 불안과 불신을 야기하고 있는 행정안전부의 깨진 유리창이 발견되어 개선이 필요하다.

－ 국민재난안전포털(http://www.safekorea.go.kr) Q&A

국민재난안전포털 안전한 나라 행복한 국민

🏠　　참여와 신고　　　국민참여 ∨　　 Q&A ∨

전체 116건의 안전 관련 국민의 소리가 등록되어 있다.

전체 116 건

번호	제목	작성자	작성날짜	조회수
6	2018년 행정안전부나 국가기관에서 주최하는 재난안전관련 박...	강**	2018-01-17	31
5	무선통신보조설비의 화재안전기준에 의거한 시설 기준 문의	강**	2018-01-17	24
4	2018 재난대응훈련 날짜가 궁금합니다.	부*****	2018-01-14	56
3	홈페이지 변경으로 인한 자료찾기에 대해 질문이 있습니다[답...	윤**	2017-08-10	57
2	비상소집 오류건건으로 확인부탁드립니다.[답변완료]	정**	2017-06-29	55
1	민방위훈련[답변완료]	o**	2017-06-26	216

2018년도에 올라 온 113건에 대해서 행정안전부는 전혀 답변을 하지 않고 있어 불신과 불만을 야기하고 있다.

전체 116 건

번호	제목	작성자	작성날짜	조회수
116	민방위 훈련 참석 여부 문의	김**	2018-04-19	719
115	장기 해외여행으로 인한 불참 질문	이**	2018-04-03	226
114	계단 통로 유도등 중 표시?	황**	2018-04-03	44
113	민방위 훈련 관련 문의 건	이**	2018-04-03	332
112	민방위훈련 타지역 관련	홍**	2018-04-03	337

☞ 2018년 등재된 4번 ~ 116번까지의 국민의 소리를 방치하고 있어 안전 불감증 행정 이미지 창출

개선방안

행정안전부에서는 '안전한 나라 행복한 국민'이라는 슬로건에 역행하고 국민들에게 불통(不通) 행정 이미지를 창출하여 불만과 불신을 야기하는 국민재난안전포털의 깨진 유리창을 갈아 끼울 것을 제안합니다.

가. 국민재난안전포털 Q&A의 올바른 운영(빠른 답변)으로 Q&A 내실화 및 국민의 안전에 대한 궁금증 해소

나. 국민의 질문에 대한 답변 시 답변한 담당 부서와 연락처를 함께 명시하여 추가적으로 궁금한 사항이나 답변이 이해가 되지 않을 때 유선으로 문의할 수 있도록 하여 궁금증 완전 해소

다. 답변 시 답변일 명시하여 안전에 관한 국민의 질문과 공무원의 답변이 쌍방향으로 원활하게 이뤄짐을 알 수 있도록 함과 동시에 담당부서에서 책임감을 가지고 빨리 답변하도록 할 것을 제안합니다.

기대효과

행정안전부에서 방치한 깨진 유리창을 갈아 끼움으로 국민들의 안전과 관련된 목소리에 경청하고 빠른 답변이 이뤄지는 쌍방향 소통 활성화가 이뤄질 수 있고
국민재난안전포털 Q&A의 올바른 운영(빠르고 책임 있는 답변)으로 행정안전부의 국민 중심 안전 정책의 공신력 제고 및 이용자 만족도 극대화에 기여할 수 있습니다.

위와 같이 제목, 제안서 3단계 구성인 '현황 및 문제점 - 개선방안 - 기대효과'를 갖춘 제안서가 만들어 졌다. 이제 국민신문고 일반 제안 신청을 해 본다.

① 국민신문고 로그인하기

  ＊ 국민신문고 회원 가입을 먼저 해야 한다.

② 일반제안 신청(민원제안참여-일반제안신청) 클릭

③ 개인정보 수집 및 이용 안내를 끝까지 읽어본 후 동의란에 체크(☑)하고

  다음을 클릭한다.

⑤ 일반제안 신청인 기본정보 확인 후 다음 클릭.

이 때 반드시 비공개로 할 것을 추천한다. 국민신문고 회원가입 시 입력한 개인정보들이 그대로 나타나기에 추가로 입력할 것은 없다. 전화번호나 주소를 다르게 하고 싶을 때에는 수정이 가능하다.

1단계	2단계	3단계
신청서 작성 및 유사사례 확인 ›	기관선택	신청완료

신청인 기본정보
✔ 표시는 필수 입력사항입니다

제안공개여부
○ 공개　●비공개
※ 공개 신청한 제안은 국민신문고 누리집(홈페이지)를 통해 타인이 제안내용과 처리결과를 열람할 수 있습니다.
※ 제안내용에 타인의 정보(이름, 주소, 전화번호 등)가 포함된 제안을 공개로 하는 경우에는 관련법에 의해 처벌받을 수 있으므로 주의하여 주십시오.
※ 공개제안으로 신청한 경우라도, 내용 중에 개인정보가 포함되어 있을 경우 관리자에 의해 비공개로 전환될 수 있습니다.

통지방식
☑ 전자우편　☑ 문자메시지　☐ 서면　☑ 누리집(홈페이지)
※ 단계별 진행상황 또는 처리결과를 통지 받으실 방식을 선택하여 주시기 바랍니다.
* 휴대전화 문자메시지의 진행상황 통지는 09시부터 18시까지 받으실 수 있고,
그 이후 시간에 처리되는 진행상황 통지는 다음날 09시부터 통지됨을 안내드립니다.

연락처
· 유선전화　042　-　000　-　0000
· 휴대전화　010 ▾　-　5729　-
※ 유선전화와 휴대전화 중 한가지는 입력하여 주시기 바랍니다.

전자우편
knr7786　@　hanmail.net　다음(한메일) ▾

주소 ✔
[주소찾기]
대전광역시
창의력자기개발멘토.
※ 주소찾기 버튼을 클릭하여 우편번호를 찾은 후 상세주소를 입력하여 주시기 바랍니다.

⑥ 제목 입력하고 현황 및 문제점, 개선 방안, 기대효과의 공간에는 '세부 내용은 첨부 제안서 참조'라고 쓰고 일일이 상세하게 적지 않을 것을 권장한다.

제안내용

• 제목과 내용 등은 **기관에서 접수한 이후 수정, 삭제 할 수 없으므로** 다시 확인하시고 신청해 주시기 바랍니다.

✔ 표시는 필수 입력사항입니다

제목 ✔	국민과 쌍방향 소통 활성화로 국민재난안전포털 이용자 만족도 극대화
현황 및 문제점 ✔	(15/2000자 이내)
	세부내용은 첨부 제안서 참조
개선방안 ✔	(15/2000자 이내)
	세부내용은 첨부 제안서 참조
기대효과 ✔	(15/2000자 이내)
	세부내용은 첨부 제안서 참조
첨부파일	C:\fakepath\국민과쌍방향소통활성화로국민재난안전포털이용자 **파일찾기** + −

* 첨부파일에 개인정보가 포함되어 있는지 여부를 확인하여 주시기 바랍니다.
* 파일은 전체용량을 기준으로 90MB까지 첨부 가능합니다.
  (예 : 90MB 파일 1개 또는 18MB 파일 5개)
* 첨부 용량 초과 시 작성했던 내용이 초기화될 수 있으니 주의바랍니다
* 첨부할 수 없는 확장자명 ⓘ

〈 이전   ● ● ✔ ✔ ●   다음 〉

첨부 파일에 만든 제안서를 첨부하고 한 번 더 오타나 첨부가 제대로 되었는지 확인 후 다음을 클릭한다.

⑦ 유사사례를 확인하는 메시지 화면이 나타난다.

유사사례 검토 중!

귀하께서 신청한 내용과
유사한 사례가 있는지 검토 중입니다.
잠시만 기다려 주십시오.

⑧ 유사사례라고 나타난 목록을 1건 이상 클릭하여 확인한 후 다음 단계 보기를 클릭한다.

유사사례 목록
• 귀하가 작성하신 제안과 유사한 처리사례가 있습니다.
아래 처리사례를 최소 1건 이상 읽어보시고 제안 신청여부를 최종 결정하시기 바랍니다.

사례-1	국민은 박근혜정부에게 [우주태양광발전소]에 대한 구매청구를 요망합니다.	∨
사례-2	훈민정음창제원리계승발전문화운동 정책제안 합니다 - 국가 대업적 사업 가능할	∨
사례-3	세계정부의 제8차5개년 세계경제종합개발계획서에 대한 관련법	∨
사례-4	세계정부의 제8차5개년 세계경제종합개발계획서에 대한 관련법	∨
사례-5	[국민재난안전포털 민방위 홈페이지] 훈련장 검색 가나다 순으로 표기를 하면 _	∧

국민재난안전포털 민방위 홈페이지(www.safekorea.go.kr) 훈련장을 검색하면 첨부파일과 같이 구분이 되어 있습니다. 다른 곳에서는 모르겠지만 국민재난안전포털은 가나다순으로_

● ● ● ● ✔

다음 단계 보기 >

⑨ 이제 1단계(신청서 작성 및 유사사례 확인)에서 2단계 기관선택 단계로 넘어왔다. 국민재난안전포털은 행정안전부의 소관사항이다. 중앙행정기관 중 행정안전부를 선택하고 신청을 클릭한다.

기관선택

중앙행정기관		지방자치단체		교육청
감사원	경찰청	고용노동부	공정거래위원회	과학기술정보통신부
일자리위원회	조달청	중소벤처기업부	통계청	통일부
특허청	해양경찰청	해양수산부	**행정안전부**	행정중심복합도시건설청
환경부				

최은석님의 제안을 '행정안전부'(으)로 신청하시겠습니까?

신청

드디어 일반제안 신청이 완료(3단계)되었다.

최은석님의 제안신청이 완료되었습니다.
신청번호 : **1AB-1808-003236**

일반제안 신청이 제대로 되었는지 확인해보자.

① 국민신문고 확인 : 나의 이용내역 〉 국민제안
행정안전부에 비공개 제안으로 정확히 신청되었다.

번호	제목	처리기관명	신청일	추진상황	추천	만족도응모
87	🔒 국민과 쌍방향 소통 활성화로 국민 재난.	행정안전부	18-08-13	제안신청	0	

국민신문고 가입 시 설정한 이메일로 제안 신청되었음을 알리는 메일이 도착
한다.

국민신문고 제안접수 문자가 도착한다. 시스템 오류로 문자가 오지 않는 경우도 가끔 있다.

② 비공개 제안을 확인하려면 국민신문고 가입 시 설정했던 비밀번호를 입력하고 확인을 클릭한다.

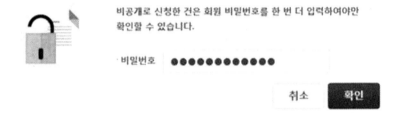

제안 내용상 오타나, 내용 수정이 필요한 경우에는 수정 버튼을 클릭하여 오타 수정 또는 삭제하고 확인 버튼을 클릭하면 된다.

첨부 문서가 잘못 첨부되었을 경우에는 삭제를 클릭하면(아래의 가상설정 예시 참조)

다음과 같이 파일 삭제를 확인하는 안내창 화면이 나타난다. 확인을 클릭하면 삭제된다.

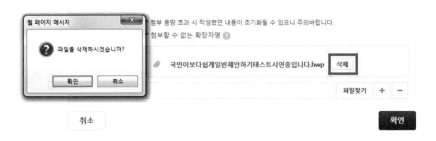

(첨부파일이 삭제된 이미지)

파일찾기를 클릭하여 올바른 첨부파일 또는 원하는 내용으로 수정한 첨부파일로 바꾼 후 확인을 클릭한다.

수정을 확인하는 안내 화면이 나타나면 확인을 클릭하면 올바른 첨부 파일로 변경된다.

일반제안(수시제안)은 접수 기관에서 접수 전까지 내용을 수정할 수 있다. 만약 제안접수 후에 수정할 일이 발생하면, 취하 후 다시 제안신청을 해야 하는데, 먼저 취하를 클릭한다.

취하 사유를 간단히 적고 취하완료 버튼을 클릭한다.

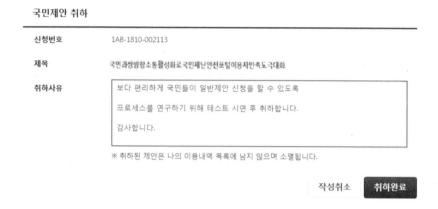

취하를 확인하는 안내 화면이 나타나면 확인을 클릭한다.

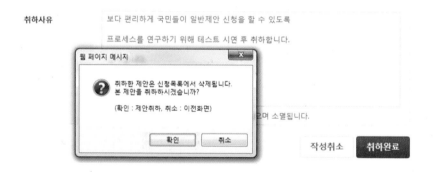

일반제안 신청이 취하 완료되었다.

국민신문고의 여러 가지 기능을 최대한 활용할 줄 아는 것도 제안자의 필수
능력 중 하나이고 '수정, 취하' 기능의 차이를 잘 이해하여 적절하게 활용할
수록 중급제안자에 가까워진다.

▶▶재심사

제안자가 수긍할 수 없는 답변이 오는 경우 15일 이내 재심사를 신청할 수 있다. 사유를 쓰고 재심사 신청 버튼을 클릭하면 된다.

필자와 같은 제안전문가의 경우 재심사를 신청하여 불채택 제안이 채택되는 경우도 있지만 대학생, 취업준비생 대부분이 초보, 초급제안자이기에 이 과정이 너무 힘들 것이다. 그래서 필자는 추천하지 않는다.

만족도 평가   재심사 요청

ⓘ 재심사 요청 사유
※ 위 답변에 이의가 있을 경우 15일이내에 재심사 요청을 1회 할 수 있습니다.

재심사요청

▶▶만족도 조사

애써 만든 제안을 말도 안 되는 황당한 이유로 불채택 하는 곳도 더러 있다. 매우 만족 - 만족 - 보통- 불만족 - 매우 불만족의 5단계로 만족도 조사가 이뤄진다.

'한마디 더'의 칸에는 가급적 최선을 다해 제안 심사를 해 준 기관의 담당자에게 감사를 전하거나 불채택 되더라도 답변이 수긍된다면 "불채택이 아쉽지만 무궁한 발전을 기원합니다."라고 적고 끝내는 것을 추천한다.

필자는 불채택 하면 재심사 신청하고 다시 불채택 하면 '보통'을 클릭하고 끝낸다. 일부 기관에서는 아이디어만 빼먹고 불채택 해 버리는 얄미운 답변을 하기도 한다. 속칭 '먹튀(먹고 튀는) 행정'인데 스트레스 받기 싫어서 '매우 불만족'으로 만족도 평가를 한다.

일반제안 할 곳은 너무나 많다. 국민신문고로 할 수 있는 곳은 정부부처, 지자체, 교육청이다. 국민신문고가 아닌 공공기관, 지방공기업, 기업체 등의 자체 국민제안제도를 이용해도 수 백군데 이상이다. 특정한 곳에서 너무 스트레스를 받게 되면 지속적인 제안 활동을 함에 부정적 효과를 가져 올 수 있다.

이상과 같이 일반제안을 신청하는 프로세스를 리얼하게 공개하였다. 위에서 시연한 행정안전부로 신청한 일반제안의 심사결과는 채택되었고 행정안전부의 답변을 공개한다.

🔒 국민과 쌍방향 소통 활성화로 국민   행정안전부   18-08-13   제안추진
　 재난..

평소 재난안전관리에 관심과 애정을 가져 주셔서 깊이 감사드립니다. 귀하께서 제안하신 국민재난안전포털 Q&A 운영에 대한 조치계획을 알려드립니다.

"국민재난안전포털 Q&A"는 현재 국민소통창구 일원화의 목적으로 "국민신문고"로 연계 운영하고 있습니다. 다만, "국민신문고"로 연계되기 전 (4.19) 시점의 문의사항 (113건) 중 11건은 처리 완료하였고, 나머지 102건에 대해서는 현재 각 부서의 담당자들로부터 답변을 취합하여 빠른 시일 내에 처리 완료하도록 하겠습니다.

(실시 예정 시기 2018년 9월)

참고로 행정안전부는 채택된 제안을 자체 심사하여 중앙우수제안으로 추천하여 대통령, 국무총리, 장관표창을 받을 기회를 주기도 하고 자체 우수 제안 심사결과 등급에 따른 포상을 한다.

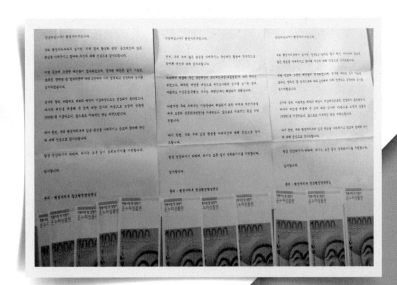

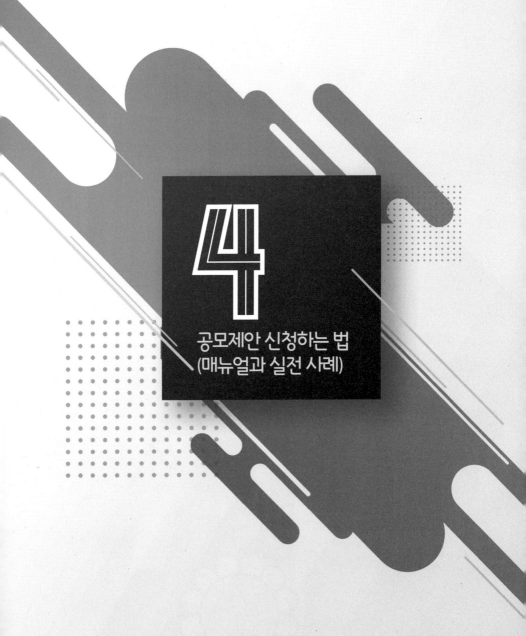

4

공모제안 신청하는 법
(매뉴얼과 실전 사례)

4장. 공모제안 신청하는 법 (매뉴얼과 실전 사례)

공모제안 과정을 처음부터 끝까지 상세히 설명한다.

1. 국민신문고 로그인 후 공모제안 클릭

2. 현재 공모 중인 목록에서 선택(예 : 인천광역시교육청)

3. 공모관련 안내문을 다운로드하여 자세히 읽어보고 한글로 제안서를 미리 만들어 놓고 응모하기 클릭

【문의: 인천광역시교육청 정책기획조정관 ☎420-8208】

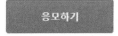

· 주최기관   인천광역시교육청
· 처리기한   2018.11.26.
· 첨부파일   📎 [붙임]2018년도 제2회 톡톡 아이디어 제안공모 안내문.hwp [537 KB]

4. 개인정보 수집 및 이용 안내를 끝까지 읽어보고 동의란에 체크☑. 신청자 이름 확인 후 다음 클릭

5. 통지방식과 제안자와 공동제안자 5명까지 추가는 선택사항이고 파란색 네모박스 안의 내용들은 회원가입 후 로그인 하였다면 자동으로 입력된다.

– 제안자와 공동제안자 5명까지 추가는 선택사항

6. 제안내용은 제목, 현황 및 문제점, 개선방안, 기대효과 4가지를 반드시 입력해야 한다.

7. 쓸 내용이 많거나 한글파일 등에서 작성했을 경우는 세부내용 첨부파일 참조라고 쓰고 첨부파일 첨부.

8. 첨부파일이 하나가 아닐 경우 플러스(+)를 클릭하면 첨부파일 수가 늘어
나고, 마이너스(-)를 클릭하면 줄어든다.

첨부파일	C:₩fakepath₩국민이 보다 쉽게 공모제안 하기 테스트 시연 중입니	파일찾기	+	-
		파일찾기		
		파일찾기		

*파일은 전체용량을 기준으로 50MB까지 첨부 가능합니다
(예 : 50MB 파일 1개 또는 10MB 파일 5개)

‹ 이전   ● ● ✔   신청 ›

9. 입력 사항, 첨부 파일 등이 제대로 입력되었는지 한 번 더 확인 후 신청을
클릭한다.

| 기대효과 ✔ | 상세한 내용은 첨부파일 제안서를 참조해 주세요. |
| 첨부파일 | C:₩fakepath₩국민이 보다 쉽게 공모제안 하기 테스트 시연 중입니 | 파일찾기 | + | - |

*파일은 전체용량을 기준으로 50MB까지 첨부 가능합니다.
(예 : 50MB 파일 1개 또는 10MB 파일 5개)

‹ 이전   ● ● ✔   신청 ›

10. 공모제안 완료 화면

님의 공모제안신청이 완료되었습니다.
신청번호 : 1AP-1810-669296

11. 국민신문고 나의 이용내역 – 국민제안에서 보면 정상적으로 공모제안 신청되었음을 확인 가능.

12. 만약 공모제안의 내용을 수정하거나 첨부파일이 잘못되었을 경우에는 취하하고 다시 신청하면 된다.

〈공모제안 취하하고 다시 신청하기〉

① 다시 신청하고자 하는 공모제안을 클릭

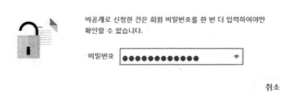

② 비공개 신청 제안은 비밀번호 입력 후 확인 클릭

비공개 신청건 확인

비공개로 신청한 건은 회원 비밀번호를 한 번 더 입력하여야만 확인할 수 있습니다.

비밀번호 ●●●●●●●●●●●

취소 확인

③ 화면 왼쪽 아래의 취하 버튼을 클릭하기

④ 취하사유를 간단히 적고 취하완료 버튼을 클릭하면 제안이 삭제되고 작성 취소를 누르면 원점으로 돌아간다. 취하사유는 '내용 수정 후 다시 신청합니다.'로 적는 것이 가장 무난하다.

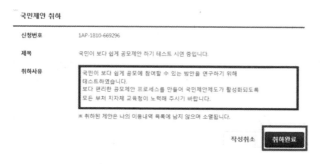

⑤ 공모제안 취하를 한 번 더 확인하는 메시지 화면이 나타나는데 확인을 클릭하면 완료된다.

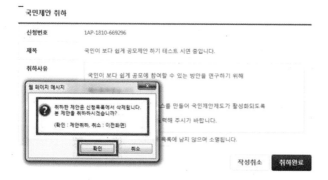

⑥ 취하 완료 안내 화면이 나타난다.

요청하신 내용이 취하되었습니다.
취하된 국민제안은 기관의 처리결과를 받으실 수 없습니다.

공모제안은 신청과 동시에 공모를 개최한 행정기관에 접수되고 바로 제안심사 단계로 넘어가기에 수정이 불가하여 취하하고 다시 신청하는 것이 편리하다.

대학생, 취업준비생들에게 일반제안보다 어려운 것이 공모제안이다. 특정 주제가 정해져 있기에 자유롭게 주제를 선택해서 제안하는 일반제안보다 공모제안이 어렵게 느껴진다.

공모제안 하는 법을 이해하기 쉽게 순차적으로 설명하면,
① 공모제안 핵심 내용을 먼저 정확하게 살펴봐야 한다.
　주최 기관에서 무엇을 원하는 공모인지를 파악해야 주제에 맞는 아이디어 제안거리를 발굴할 수 있다.
② 공모제안의 주의사항은 무엇인지? 하나씩 체크하며 확인해본다.
③ 개최기관에서 강조하는 심사기준을 잘 읽어 본다.
④ 마인드맵(머릿속에서 상상력으로 제안서 그리기)을 이용하여 난이도 D

제안서의 가장 기본인 1Page 제안서를 머릿속에 먼저 만들어야 한다. 모든 과정을 차곡차곡 그려나가야만 앞으로 제안서를 만듦에 막힘없이 술술 풀어갈 수 있다.

⑤ 문제점을 발굴했다면 그 문제점을 그냥 개선하라고만 하면 단순제안이 되어 버린다. 창의적 제안이 되기 위해서는 +@의 살을 보태야 한다. 이 과정에 익숙해질수록 난이도 D 수준을 탈출하여 난이도 C 수준 이상으로 올라설 수 있다.제안서를 잘 만드는 비결은 꾸준히 제안서를 만들어 보는 것이다. 창의력대통령은 아이디어 제안거리 발굴 능력과 아이디어를 표현하는 글쓰기 능력을 강조한다. 이 두 가지 능력의 차이로 난이도 D와 C 수준으로 나눠진다.

⑥ 공모제안은 일반제안과 달리 개인, 단체제안을 선택할 수 없고 개인제안과 공동제안(최대 5명)만 가능하다.

⑦ 일반제안과 달리 공모제안을 추진한 행정기관에서 신청제안을 바로 접수하기에 기관선택의 과정이 생략되어 일반제안보다 과정이 단축되어 있다. 공모제안은 '제안신청'을 건너뛰어 '제안심사'로 나타난다. 제안심사의 5단계는 '제안신청 - 제안심사 - 제안채택 - 제안추진 - 제안실현'이다.

⑧ 공모제안은 불채택 시 재심사 신청은 불가능하다.

⑨ 국민신문고 홈 〉 나의 이용 내역 〉 국민제안에서 공모제안 신청이 제대로 되었는지 확인 가능하다.

필자는 대학생, 취업준비생들의 공모제안 부담감을 덜어주기 위해 제안 주제가 자유로운 일반제안부터 시작하여 익숙해진 다음 공모 제안에 도전할 것을 추천한다.

5

초보자가 쉽게
제안하는 법 4가지

5장. 초보자가 쉽게 제안하는 법 4가지

1. 홈페이지에서 아이디어 제안거리 찾는 비법

정부부처, 지자체, 공공기관의 홈페이지에서 제안거리 즉 아이디어를 찾는
것이다. 정부부처, 지자체, 공공기관 등의 홈페이지에는 많은 사람들이 찾아
보는 공공정보가 담겨져 있다. 이 정보들 중에는 잘못된 정보, 오류 정보, 방
치된 정보 등이 있어 보는 이로 하여금 정보 이용에 불편을 발생시키고 해당
기관에 대한 불신을 가져오기에 반드시 개선이 필요하다.

그런데, 정부부처, 지자체, 공공기관 등의 홈페이지 담당자들은 이러한 오류
정보, 방치된 정보가 있는지를 모르고 있다. 주기적으로 홈페이지 개선작업
을 하고 있지만 홈페이지에 담긴 내용을 모니터링하여 수정하는 것에는 상당
히 느림을 알 수 있다. 초보 제안자들이 가장 간단히 제안 만드는 법은 홈페
이지에서 제안거리를 찾아 개선하도록 제안서를 만드는 것이다.

쉽게 찾고 간단히 만들 수 있는 장점이 있지만, 일부 기관에서는 단순 건의 사항으로 판단하여 제안으로 인정해 주지 않고 아쉽게도 아이디어만 가져가는 경우도 많다. 이런 경우 초보 제안자들은 솔직히 화가 날 것이다. 이런 경우 초보 제안자들은 항의성 민원을 제기하거나 불채택 처리한 담당자에게 전화를 걸어 항의를 하는 경우가 있는데 절대 독자 여러분들은 그러지 않기를 바란다. 그냥 제안하는 법을 배웠다고 생각하고 긍정의 힘으로 다음 제안을 준비하는 것이 더 낫다. 괜히 불채택 처리한 접수기관 담당자와 전화로 옥신각신 다퉈봐야 서로 스트레스만 쌓이고 하루 종일 찜찜한 기분에 얻는 것보다 잃는 게 더 많을 것이다.

필자가 추천하는 홈페이지에서 아이디어 제안거리를 찾는 법은 크게 다음과 같다.

1. 혼돈과 불편을 발생시키는 오류 정보 및 누락 정보를 찾아 개선하도록 제안하기
2. 정보 습득의 편의를 제공하도록 국민 눈높이 맞춤형 공공정보 전달 시스템 개선을 제안하기

위 2가지 방법 중 본인에게 가장 맞는 것을 선택하여 제안하면 되는데 그중 방법 1(오류 정보 및 누락 정보를 찾아 개선 제안)이 초보 및 초급제안자들에게 가장 쉽다. 심사 기관에 따라서 다르지만 제안이 채택되면 채택 보상 차원에서 상품권(2만 원 ~ 10만 원 내외)을 주거나 상장(노력상)을 수상할 수 있다.

지금부터 가장 쉬운 방법을 필자가 직접 제안한 사례를 통해 확인해보도록
한다. 혼돈과 불편을 발생시키는 오류 정보 및 누락 정보를 찾아 개선하도록
제안하기의 경우 국민제안 활동의 기본이 되는 국민신문고 홈페이지에서 제
안거리를 찾아본다. 국민신문고는 주기적으로 홈페이지 개선 작업을 시행하
고 있지만 항상 오류와 방치된 잘못된 정보들이 계속 발생한다.

국민신문고를 둘러보면 제안전문가들의 눈에는 곳곳에서 불편을 야기하고
있는 허점들이 계속 발견된다. 그중 하나의 아이디어를 발굴하여 직접 제안
해 보도록 한다.

① 다음 두 이미지를 보고 아이디어가 떠오르는가?

아이디어 제안거리가 떠오르지 않는다면 힌트를 제공한다.

☞ 힌트: 검색의 편의를 제공하기 위해 검색 시작일과 종료일을 자동 설정
해 두었다.

어떤 아이디어 제안거리가 떠오르는 지 메모해보자.	

제안거리가 눈에 보이지 않는다면 추가 힌트를 제공한다.

☞ 힌트: 나의 눈이 아닌 우리의 눈으로 봐야 한다.

　국민신문고는 이용자 편의를 위한 검색 기능이 제공된다.

센스가 있는 독자라면 이미 아이디어 제안거리를 발견하고 미소를 짓고 있을 것이다. 아이디어 제안거리를 발견하지 못한 독자를 위해 좀 더 힌트를 추가 설명한다.

② 다시 아래 화면을 잘 지켜보라. 추가 힌트를 제공하면 붉은 테두리의 박스 안 내용을 유심히 살펴보라.

③ 예산낭비 신고 제안 및 공익신고도 확인해 본다.

④ 이제 다른 점을 찾았는가? 어떤 점이 국민신문고 이용자에게 불편을 줄까? 불편을 개선하는 것이 제안거리이다.

발견했는가? 필자가 무엇을 얘기하려는지? 무엇이 아이디어 제안거리인지? 안타깝게도 이해가 잘 안 된다면 다시 ① ─ ④까지 과정을 유심히 관찰해 보기 바란다. 가장 쉬운 제안거리인데도 등잔 밑이 어둡다고 오랫동안 아무도 발견하지 못하고 있고 이런 허점들이 눈에 보이기 시작할 때 제안자의 실력이 쑥쑥 늘어나기 시작하는 출발점이 될 수 있다.

자 이제, 여러분이 생각한 제안 내용과 필자의 제안 내용이 일치하는지 비교해보자.
① 국민신문고 편의 기능 안내는 특정 코너에 국한되지 않고 모든 사이트에 동등하게 적용되어야 한다.

② 민원, 국민제안, 예산낭비신고/제안, 공익신고는 동일한 편의기능(검색)이 있기에 동일한 안내를 해야 한다.

③ 편의 기능인 검색 시작일은 현재 기준 6개월로 동일하게 적용되어 있다. 그렇다면 "6개월 이전자료는 검색 시작일자를 변경하여 검색하여 주시기 바랍니다."라는 안내는 민원, 국민제안, 예산낭비신고/제안, 공익신고에 모두 나타나도록 해야 한다.

④ 현재 '국민제안'과 '예산낭비신고/제안' 코너에는 안내가 생략되어 있다.

⑤ 국민신문고를 이용하는 정보 검색 능력 취약 계층에게는 명확한 안내문이 이용에 아주 중요하다.

⑥ 동일한 검색 기능에 동일한 안내 멘트를 추가하여 국민 편의를 제공할 것을 제안한다.

위와 같이 필자의 아이디어 제안거리 발굴 과정을 나열하였으니 여러분들의 과정과 비교해 보라. 제안거리를 만들 때 이 과정을 꾸준히 연습하면 할수록 아이디어를 글로 표현하는 데 아주 효과적이다. 또한, 문제점 발굴과 제안의 타당성을 검토하는 데도 유용하게 쓰이기에 반드시 과정 그리기(마인드맵)하여야 한다. 습관화가 되면 글을 쓰면서 자연스럽게 이 과정이 적용되고 있음을 알게 될 것이다.

이제 제안서를 만들어 본다. 제목을 정한 후 제안의 3단계 구성에 맞게 글로 표현하기를 잊지 않았으리라 믿는다.

제목은 내용에 맞게 함축적으로 정해보자. (우측 빈칸에 메모)	

제안의 3단계 구성을 아래 빈칸에 간단하게 우선 메모해 보자.

현황 및 문제점
  o
  o
개선 방안
  o
  o
기대 효과
  o
  o

처음에는 8줄 이하로 대략적인 내용을 적고 그 다음 하나하나 수정해 나간다. 처음부터 너무 상세하게 적을 필요는 없다. 초보, 초급제안자들은 대충 채워 적고 몇 번 수정하는 것이 효율적이다. 최종 완료되었다면 필자의 제안과 비교해보자.

① '국민신문고 이용자 편의 기능에 대한 안내 멘트는 동일하게 안내하여 불편과 혼동을 최소화 하자'

☞ 내용에 맞는데 조금 긴 듯하니 다시 수정해본다.

② '동일한 안내 멘트로 국민신문고 이용자 편의 기능 이용 시 불편 최소화'
☞ 이 정도 제목이면, 제안의 핵심을 잘 표현했는지 스스로 제3자가 되어 반문해봐야 한다.

간결하나 핵심적인 내용을 함축한 ②의 제목을 선택 사용한다.

제목을 정했기에 이제는 글쓰기 3단계 구성(현황 및 문제점 - 개선방안 - 기대효과)에 맞춰 위에서 발굴한 아이디어를 글쓰기로 한 문장씩 표현해 본다.

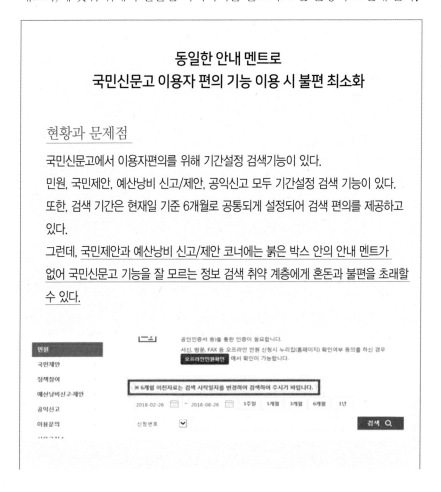

동일한 안내 멘트로
국민신문고 이용자 편의 기능 이용 시 불편 최소화

현황과 문제점

국민신문고에서 이용자편의를 위해 기간설정 검색기능이 있다.
민원, 국민제안, 예산낭비 신고/제안, 공익신고 모두 기간설정 검색 기능이 있다.
또한, 검색 기간은 현재일 기준 6개월로 공통되게 설정되어 검색 편의를 제공하고 있다.
그런데, 국민제안과 예산낭비 신고/제안 코너에는 붉은 박스 안의 안내 멘트가 없어 국민신문고 기능을 잘 모르는 정보 검색 취약 계층에게 혼돈과 불편을 초래할 수 있다.

위와 같은 문제점에 대해 개선방안을 만들어 보자. 여러분이라면 어떤 식으로 표현하여 안내 멘트를 고치도록 할 것인가?

다른 목차에서는 계속적인 제안서 만들기 훈련이 진행되기에 제안 워밍업(몸풀기) 차원에서 이 파트에서는 필자가 바로 설명한다. 여러분의 마인드맵 결과와 비교해보기 바란다.

개선방안

국민신문고의 기능을 잘 이해하지 못하는 정보 검색 취약 계층 이용자의 편의 제공을 위해 민원, 국민제안, 예산낭비 신고/제안, 공익신고에 "6개월 이전자료(또는 1년 이전 자료)는 검색 시작일자를 변경하여 검색하여 주시기 바랍니다."

> 라는 안내멘트를 동일하게 추가하여 줄 것을 제안합니다.
>
> - 검색 편의를 위한 안내멘트는 이용자 중심으로 동일하게 제공될 때 모든 이용자에게 혼돈과 불편을 최소화할 수 있습니다.

여러분이 생각한 개선방안과 비슷한가?

제안서 만들기 워밍업에서는 문제점 발굴 능력과 글쓰기 표현 능력을 집중적으로 키워나가야 한다.

이제 기대효과를 만들 차례이다. 기대효과는 문제점과 개선방안의 내용을 인용하면서 한 줄은 국민의 입장에서 한 줄은 국민신문고 입장에서 생각한 내용으로 적는 것이 가장 무난하다.

> ## 기대효과
>
> 국민신문고 편의 기능 안내는 특정 코너에 국한되지 않고 모든 사이트에
>
> 동등하게 적용할 때 이용자 만족도 제고 및 작은 불편도 세심하게 개선 배려하여
>
> 국민신문고 행정서비스 품질 제고에 기여함

아주 쉬운 방법으로 제안서가 만들어졌다. 2018년 8월 27일 새벽, 국민신문고 주무부처인 국민권익위원회로 제안하였고 그 다음날 8월 28일 국민신문고 측에서 제안 접수 후 심사하였다.

2018년 8월 31일 제안신청한 지 4일 만에 국민신문고 측에서 다음과 같은 문자와 메일이 도착했다.

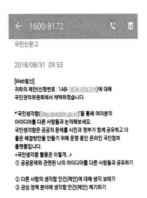

그리고 9월 12일 드디어 제안은 실현되었으며 창의력대통령의 제안대로 국민신문고는 안내문을 통일되게 공지하였다.

국민신문고 - 나의 이용내역 - 국민제안 확인 결과 다음과 같이 제안이 실현되었음으로 나타난다.

제목	처리기관명	신청일	추진상황	추천	만족도응모
🔒 동일한 안내 멘트로 국민신문고 이용자..	국민권익위원회	18-08-27	제안실현	0	완료

제안 처리 프로세스는 '제안신청 - 제안심사 - 제안채택 - 제안추진 - 제안실현'의 5단계임을 기억하자. 이런 제안 스타일은 필자가 초보자들을 대상으로 제안 기법 강의를 할 때 기초 공사용 제안서이다. 아주 쉬운 난이도 D 수준의 제안이지만 제안을 배울 때 가장 기초가 되는 한편 전체에서 불편을 발생시킬 수 있는 '옥의 티'를 발견하여 제안하는 방법 중 가장 쉬운 아이디어 발굴 제안 사례이다.

지금까지 홈페이지에서 아이디어 제안거리를 찾고 국민신문고에 제안하는 과정을 설명하였다. 창의력대통령이 만든 제안 수준별 기준에 의하면 난이도 D 수준의 아주 쉬운 제안이지만 지금까지 그 누구도 발견 못 하여 제안하지 못한 것을 보면 가장 쉬운 제안이 가장 어려운 제안이 될 수도 있다. 지금까지의 과정이 이해가 안 된다면 처음으로 돌아가 천천히 다시 읽어 볼 것을 권한다.

＊ 제안수준에 의해 나눈 난이도 A ～ D 수준의 사례별 구분은 제 6장에서 상세히 다루었으니 참고하기 바란다.

2. 정책토론에서 아이디어 제안거리 찾는 비법

이제 두 번째 방법인 국민신문고 공지사항이나 정책 토론에서 아이디어 제안거리 찾기를 설명한다. 이 방법은 정부부처, 지자체, 교육청, 공공기관 등의 공지사항에서 아이디어 제안거리를 찾는 법이라 할 수 있다. 국민신문고의 정책 토론에서 심심찮게 아이디어를 발굴할 수도 있다. 국민신문고 정책 토론은 다음의 위치에 있다.

각 기관에서 필요한 정책에 대해 국민 참여 토론을 하고 있는데 결국 각 기관에서 문제점을 제시하고 개선방안을 국민에게 요구하는 곳으로 보면 이해가 쉽다. 즉, 정책토론은 '○○ 기관에서 문제가 있다고 밝혀주고 국민의 의

견을 구하는 곳'으로 여러분들은 내용을 읽어보고 생각나는 아이디어를 제안
서로 만들어 국민신문고 일반제안으로 해당 기관에 신청하면 되는 것이다.
정책 토론에서 아이디어를 얻는 법은 초급 이상 수준에서 가능하다. 정책토
론은 일반 국민들도 아이디어를 얻고 싶을 때 올릴 수 있고 댓글에 달린 불
특정 다수의 의견을 통해 부족한 아이디어를 보충하거나 개선방안의 아이디
어를 얻을 수 있다. 아이디어 제안거리가 없을 때는 정책토론을 볼 것을 추
천한다.

번호	진행상태		제목	발제자	기간
3746	진행	D-16	독창적인 액조재배기술을 활용한 시민건강 프...	충청남도 계룡시	2018-08-27~ 2018-09-14
3745	진행	D-7	글로벌 기술혁신 IP 전략개발 사업을 통...	특허청	2018-08-22~ 2018-09-05
3744	진행	D-6	영주권자 등 입영희망신청(취소) 시스템 개선안	병무청	2018-08-22~ 2018-09-04
3743	진행	D-17	부산의 해수욕장, 실태 여러분의 솔직한 의견...		2018-08-14~ 2018-09-15
3742	진행	D-15	독서 활성화 방안에 대한 토론		2018-08-13~ 2018-09-13
3738	진행	D-124	내가 생각하는 도정혁신!	충청북도	2018-04-23~ 2018-12-31

특히, 정책토론은 아이디어 제안거리를 찾는 데 어려움을 겪는 초급제안자들에게 추천한다. 정책토론에는 해당 기관에서 현황 및 문제점을 잘 설명해 두었기에 여러분은 개선방안만 연구하면 제안서를 쉽게 만들 수 있다.

초보제안자에게는 어려울 수도 있으나, 어느 정도 제안이 익숙해졌을 때 아이디어 발굴이 어려울 때가 있다. 매일매일 새로운 아이디어 제안거리를 발굴하는 것이 힘들 때 정책토론에서 뜻밖의 아이디어를 얻을 수 있다. 그때 각 기관에서 내 놓은 문제점을 잘 읽고 개선방안만 연구하면 제안서를 만들 수 있는 방법이다. 국민신문고 정책토론방에서 제안서를 만드는 법을 필자의 사례를 통해 함께 배워보자.

〈국민신문고 정책토론에서 아이디어 발굴 및 제안서 만들기〉

국가보훈처에서 정책토론방에 다음의 토론 주제를 내놓았다.

필자는 '광복 70주년, 생존 애국지사 특별 위로연 행사 방안'에 대한 정책토론에 참여하고픈 욕구가 생겨 발제 내용을 자세히 읽어 보았다.

광복 70년 계기 생존 애국지사 특별 위로연 행사 방안   좋아요 ♥ +1

토론기간   2015-05-24 ~ 2015-06-23   발제자 국가보훈처   조회 114

안내문
광복 70년을 계기로 생존 애국지사에 대한 특별 위로연 행사 방안에 대해 온라인 정책토론을 실시하오니 국민 여러분의 많은 참여를 바랍니다.

○ 발제요약

광복70년을 맞이하여 생존 애국지사의 자긍심을 고취하고 독립정신을 널리 알려 국민의 애국심을 함양하기 위해 국민,정부,지자체가 함께 하는 특별한 위로 행사 필요

○ 발제내용

○ 국가보훈처는 광복 70년, 분단 70년을 맞이하여 대한민국의 '과거·현재·미래'를 아우르는 국가보훈을 기반삼아 선진 한국-통일국가로 나아가기 위한 다양한 기념사업을 추진하고 있습니다.

○ 국권상실, 독립운동 그리고 광복에 이르는 역사에서 국가의 소중함을 상기 할 필요가 있고, 선열들이 나라를 어떻게 찾고 지켰는지 되새기고 그 정신을 후대에 계승,발전시키는 것은 현재를 살아가는 우리의 사명일 것이며 생존 애국지사분들은 그 역사의 산 증인으로서 국민적 예우가 필요 할 것입니다.

○ 특히 올해는 광복 70년이 되는 해로 생존 애국지사 대부분이 생애 마지막 주기(10년 단위) 행사가 될 것으로 보이는 바 국가보훈처에서는 지방자치단체와 함께 생존 애국지사 본인이 체감할 수 있는 특별 위로연을 필요할 것입니다.

○ 이와 관련하여 생존 애국지사분들이 체감할 수 있는 국민적 예우 방안이 있다면 국민 여러분의 소중한 의견을 알려 주시기 바랍니다.

국가보훈처에서 현황과 문제점을 전부 설명해 주었기에 개선방안만 잘 연구하면 된다.

① 위 내용을 보고 떠오른 아이디어가 있으면 핵심내용을 메모해보자.	

힌트) 발제 요약에 핵심문제와 무엇을 원하는지가 나타나 있다.

② 문제점이 이해되었다면 그 문제점을 해결하기 위한 현실적 방안을 연구한다.

③ "국가보훈처에서는 지방자치단체와 함께 생존 애국지사 본인이 체감할 수 있는 특별 위로연"으로 무엇을 할 수 있을지를 나의 입장이 아닌 애국지사의 입장에서 생각해본다.

☞ 개선방안의 핵심 포인트는 현실적으로 실행 가능한 애국지사를 위한 특별 위로연이다.

④ 좋은 개선방안이 떠올랐다면 핵심내용을 메모해보자.	

⑤ 제목은 국가보훈처에서 원하는 내용에 맞게 정하는 것이 가장 좋다

⑥ 이제 제안서를 만들어 본다. 여러분이 마인드맵한 제안서와 비교해보자.

난이도 D 수준의 제안으로 초보 또는 초급제안자가 충분히 만들 수 있을 것

이다. 제안서에 필요한 제목, 현황 및 문제점은 이미 정책토론에 나와 있다.

광복 70주년 계기 생존 애국지사 특별 위로 이벤트 제안

현황 및 문제점

생존 애국지사를 위해 국가보훈처는 다양한 축하 위로 이벤트를 해왔다. 국가보훈처가 원하는 것이 아닌 살아생전 그분들이 원하는 것, 꼭 필요한 것을 시행할 필요가 있다.

정책토론에서 발굴한 아이디어로 만드는 제안서의 핵심은 개선방안이다. 각

기관에서 정책 토론방에 토론 주제를 올릴 때 개선방안을 얻고 싶어 올리는

경우가 99.9%임을 기억하자.

여러분이라면 광복 70주년을 맞이하여 생존 애국지사 본인이 체감할 수 있

는 특별 위로연을 무엇을 해드리고 싶은가?

내가 아닌 생존 애국지사의 입장에서 생각하고 개선방안을 만들어야 한다.
그리고 현실적으로 가능한 것을 담아야 한다.

마인드맵으로 개선방안을 그려본 후 필자의 것과 비교해 본다.

개선방안

광복 70주년, 살아 계신 애국지사는 극소수이기에 생존 애국지사 특별위로
이벤트를 제안합니다.

1. 국가보훈처는 각 지자체(도, 시, 군, 구, 동)와 협업하여 ' 우리동네 애국지사
   알기' 운동 전개
   - 지자체 홈페이지, 관보 및 민원실 적정공간에 애국지사 사진과
     활동 이력 게시
   * 대부분 우리 동네에 애국지사가 살고 있는지도 모름

2. '우리 동네 애국지사 소원 성취 운동' 전개
   - 우리 동네 애국지사의 살아생전 마지막 소원을 들어주고 현실적
     으로 가능한 것이면 官과 民이 함께 협업하여 소원 들어 드리기
     캠페인 전개 (쌍방향 소통 이벤트)

여러분의 마인드맵 결과와 비슷한가?

필자가 어떤 식으로 개선방안을 표현하였는지 글쓰기 방법을 다시 한 번 읽
어보자.

이제 기대효과를 만들 차례이다. 기대효과는 문제점과 개선방안의 내용을 인용하면서 한 줄은 국민의 입장에서, 한 줄은 국민신문고 입장에서 생각한 내용으로 적는 것이 가장 무난하다.

기대효과

우리 동네에 애국지사가 사는지 안 사는지도 모르는 현실에서, 우리나라 인구의 90프로 이상이 광복 이후 세대임을 감안하면 우리 동네 애국지사가 누군지 국민에게 온 오프라인을 통해 알리는 것은 官과 民이 함께 협업하여 그 분들에 대한 마지막 살아생전 특별 위로연이다. 그분들이 살아생전 무엇을 원하였는지? 官과 民이 함께 협업하여 소원 성취 운동 역시 그분들의 마지막 恨을 풀어드리는 계기가 됨과 동시에 국민에게 역사를 제대로 알리고 애국심을 고취하는 나비효과가 될 것이다.

필자의 제안과 여러분이 생각한 제안을 비교해보니 비슷한가? 국민신문고를 통해 국가보훈처로 일반제안 신청하였다. 계속 반복적으로 언급하겠지만 필자는 내용을 전부 '첨부 참조'로 하고 첨부파일을 통해 보도록 하고 있다.

제안내용

제목	광복 70주년 계기 생존 애국지사 특별 위로 이벤트 제안
현황 및 문제점	첨부 참조
개선방안	첨부 참조
기대효과	첨부 참조
첨부파일	📎 광복 70주년 계기 생존 애국지사 특별 위로 이벤트 제안.hwp [12 KB]

국가보훈처는 필자의 제안에 대해 심사 결과를 알려왔고 일부 내용을 공개하여 제안에 대한 이해를 돕고자 한다.

처리결과
('처리결과'를 눌러 결과를 확인하시기 바랍니다)

심사결과	채택	통지일	2015-10-01 11:12:42

답변내용   4. 특히, 광복70주년을 맞이하여 생존 애국지사님에게 국민들의 존경과 감사를 실질적으로 체감할 수 있는 예우 방안을 지방자치단체와 함께 추진하고자 하며, 귀하께서 제안하신 내용도 참고하여 검토하도록 하겠습니다.

얼마 뒤 필자의 제안은 대부분 실현되었으며 국가보훈처는 제안 실현을 알려왔고 국민신문고 정책토론방에도 필자의 제안 내용이 포함된 내용으로 정책토론결과를 알렸다.

국가보훈처는 2015년 자체포상 우수제안으로 필자의 제안을 선정하였다.

지금까지 국민신문고 정책토론에서 아이디어 제안거리를 찾고 국민신문고에 제안하는 과정을 설명하였다. 창의력대통령이 만든 제안 수준별 기준에 의하면 난이도 D 또는 C수준의 제안이다. 지금까지의 과정이 이해가 안 된다면 처음으로 돌아가 천천히 다시 읽어 볼 것을 권한다.

제안수준에 의해 나눈 난이도 A ~ D 수준의 사례별 구분은 제 6장에서 상세히 다루었으니 참고하기 바란다.

3. 뉴스 자료에서 아이디어 제안거리 찾는 비법

두 번째 방법이 어느 정도 이해가 되었다면 세 번째 방법인 언론에서 보도된 방송이나 뉴스 등의 자료를 보고 아이디어를 제안하기에 대해 설명한다.

제안거리를 찾는 데 있어 가장 중요한 포인트는 시대에 맞는, 현실에 맞는 제안거리 발굴이다. 제안자가 생각하기에 아무리 좋은 제안일지라도 시대에 뒤처지거나 현실에 맞지 않는 제안이라면 우수 제안으로 채택되기 어렵다. 현재의 시대가 필요로 하는 제안, 현 정부(정권)의 정책 코드와 맞는 정책 제안들이 창의적으로 표현된 제안서는 그렇지 못한 제안서보다 채택될 확률이 높다.

언론이나 방송을 통해 계속 사회적 이슈가 되는 문제점에 대해 시대에 맞는 현실적 개선방안을 제안한다면 접수 기관에서는 흔쾌히 제안을 채택하고 우수제안으로 선정하여 포상할 것이다. 필자 역시 현실의 문제점을 개선 반영한 제안으로 중앙우수제안에서 좋은 결과를 수차례 거두었다.

뉴스에서 언급된 ○○부처 정책의 문제는 제안의 3단계 구성인 현황 및 문제점을 고스란히 담고 있기에 여러분은 개선 방안에만 집중하면 된다. 국민신문고 정책토론과 같이 개선방안만 잘 연구하면 아주 좋은 정책 제안이 만들어지게 되는 것이다. 뉴스 등에서 제공된 문제점으로 개선방안을 연구하여 제안하는 법은 정책토론방에서 얻은 문제점으로 제안서를 만드는 것과 유사하기에 생략한다.

그 대신 정부부처, 지자체, 교육청, 공공기관 등의 대국민 활동 뉴스 기사에서 제안거리를 찾아 제안서를 만들 수도 있음을 설명하고자 한다. 이러한 방법은 중급 수준 이상의 제안자들이 자주 쓰는 방법인데 여러분의 이해를 돕기 위해 필자의 제안 채택 사례 중 하나를 예로 설명한다.

〈뉴스 기사에서 아이디어 제안거리를 찾아 제안하는 법〉
다음 국세청 뉴스를 천천히 살펴보기 바란다.

국세청장, 일선 부가가치세 신고현장 방문

위의 뉴스를 보고 탁! 하고 아이디어가 떠오르면 제안 실력이 늘고 있다는 증거이다. 또한, 뉴스에서 아이디어 제안거리를 발굴하는 능력이 있다는 증거이니 집중적으로 개발하여 뉴스 기사를 보고 제안하는 국민제안 전문가를 목표로 삼을 것을 추천한다.

필자가 알려주는 4가지 방법 중 자신에게 가장 맞는 것을 찾아 그 분야를 집중 파고드는 것도 제안 실력을 늘려가는 효율적 방법이니 추천한다.

① 아이디어 제안거리인 문제점을 찾았다면 아래의 빈칸에 핵심 내용을 메모하자.

```



```

② 잘 모르겠다면 힌트를 제공한다.

뉴스에 나온 사람들의 동작을 주의 깊게 보기 바란다.

③ '아 ~' 하고 감을 잡았다면 메모해보자. 너무 어렵게 고민하지 말자.	

④ 문제점을 발견했으면 개선방안은 아주 간단하다.

⑤ 마인드맵으로 여러분의 제안서를 만들어 보자.

⑥ 이제 필자의 제안과 비교해보는 시간이다.

필자의 눈에 비친 문제점은 공무원 사회의 고질적 문제인 '권위주의'이다. 정책현장을 방문하여 문제점을 둘러보며 직원을 격려하는 긍정적 모습이 부각되지 않고 부정적 이미지를 창출하는 단 한 장의 사진으로 좋은 의도가 왜곡될 수 있음을 국세청에서 간과하여 이를 개선할 것을 제안하였다. 여러분이 생각한 문제점과 일치하는가? 유사한가?

⑦ 난이도 C 수준의 필자의 제안서와 여러분의 제안서를 비교해보자.

국세청 언론 보도 시
부정적 구설수에 오를 수 있는 사진은 지양

현황 및 문제점

'○○○ 국세청장, 일선 부가가치세 신고현장 방문'이라는 보도 자료에서 보여진 국세청의 이미지는 최근 문제가 되고 있는 공무원 권위주의가 떠올려지는 잘못된 사진입니다.

(언론 보도 자료 및 보도 사진 생략)

일선에 방문한 ○○○ 국세청장이 뒷짐을 지고 있는 부정적(??) 모습을 보는 국민들의 머릿속에는 과연 무슨 생각이 들까요? 더군다나 ○○○국세청에서 제공한 사진이라니…???

권위 의식에 가득 찬 사진 한 장이 청렴한 국민 중심 봉사 기관으로 소문난 국세청의 이미지를 좀먹습니다.

위와 같은 문제점에 대해 개선방안을 만들어 보자. 여러분이라면 어떤 식으로 표현하여 향후 국세청에서 언론 보도 사진 노출에 주의를 하도록 제안할 것인가? 국세청과 국민의 입장에서 동시에 생각하고 개선방안을 만들어야 한다.

개선제안

최근 보도된 ○○○국세청장의 보도에서 잘못된 사진 한 장이 보는 이에게 국세청이 공무원 사회의 고질적인 권위의식에 찌들어 있는 듯한 부정적 이미지를 주고 있어 개선을 제안합니다.

 - 향후 국세청에서 보도자료 배포 시 부정적 구설수에 오를 수 있고 청렴한 국민 중심의 봉사 기관인 국세청 이미지를 추락시킬 수 있는 오해를 불러올 사진은 사전에 내부모니터링을 통해 철저하게 지양해야 함

 ☞ 단 한 장의 사진으로 인생이 바뀌는 시대입니다.

 ☞ 권위주의 등은 국민들이 가장 싫어하는 공무원의 모습으로 언론 보도 사진은 보도 전 내부 직원이 아닌 외부의 입장에서 생각하고 검토해야 함.

여러분의 마인드맵 결과와 비슷한가? 필자가 어떤 식으로 개선방안을 표현하였는지 글쓰기 방법을 다시 한 번 읽어보자.

위와 같은 제안에 대한 기대효과는 간단하게 써도 된다. 국민과 국세청 입장에서의 생각을 적는 것이 가장 무난하다.

기대효과

국세청 언론 보도 시 부정적 구설수에 오를 수 있는 사진은 지양하여 국세청 공신력 추락 방지 및 대국민 만족도 제고

필자의 제안서와 여러분이 생각한 제안서를 비교해보니 어떤 점이 다른가? 비슷한가? 이해가 안 되면 처음부터 다시 천천히 읽어보길 권한다. 필자는 국세청으로 일반제안 신청하였다.

* '개요'는 국민제안 신청 간소화 지침에 따라 2017년부터 삭제되어 현재는 '현황 및 문제점 - 개선방안 - 기대효과' 3단계로 제안서 구성을 사용하고 있다.

제안내용

제목	국세청 언론 보도 시 부정적 구설수에 오를 수 있는 사진은 지양
개요	첨부 참조
현황 및 문제점	첨부 참조
개선방안	첨부 참조
기대효과	첨부 참조
첨부파일	📎 국세청 언론 보도 시 부정적 구설수에 오를 수 있는 사진은 지양.hwp [506 KB]

국세청에서는 제안을 채택한 후 제안을 반영 실현하였다.

심사결과	채택	통지일	2015-08-20 17:32:02
답변내용	안녕하십니까? 국세청 대변인실 입니다. "국민행복제안"에 참여하여 주신데 대하여 감사드립니다. 국세청은 귀하께서 제안하신 의견을 수용하여, 정책수요자인 국민의 입장에서 국민과 공감할 수 있는 사진자료를 배포하도록 최선의 노력을 다하겠습니다. 다시 한 번 국세행정 발전에 관심을 가져 주신 데에 감사드리며, 댁내에 건강과 행복이 함께 하시길 기원합니다.		

국민신문고 - 나의 이용내역 - 국민제안에서 확인을 하면 다음과 같이 나타난다.

🔒 국세청 언론 보도 시 부정적 구설수에_	국세청	15-07-21	제안실현	0	완료

필자는 국세청의 제안심사 결과에 대해 만족도 조사를 하였다.

만족도 평가

만족도 평가 결과는 처리기관의 운영 점검 및 시스템 보완의 기초 자료로 쓰입니다.
만족도 평가의 적극적인 참여를 부탁드립니다.

··· 제안처리결과에 만족하십니까?

< 매우만족 >

··· 한마디 더 ('한마디 더'에 대한 답변은 별도 회신되지 않습니다)

< 적극적인 제안 수용에 감사드리며
항상 발전을 기원하며 국민을 위해 일하심에 박수를 보내드립니다. >

지금까지 언론 보도 뉴스 기사에서 아이디어 제안거리를 찾고 국민신문고에
제안하는 과정을 상세히 설명하였다. 창의력대통령이 만든 제안 수준별 난
이도 기준에 의하면 난이도 C 수준의 제안이다. 지금까지의 과정이 이해가
안 된다면 처음으로 돌아가 천천히 다시 읽어 볼 것을 권한다. **제안수준에
의해 나눈 난이도 A ~ D 수준의 사례별 구분은 제 6장에서 상세히 다루었으
니 참고하기 바란다.**

【 창의력 대통령 Tip 】

책값 15,000원을 투자하여 최소 10배(15만 원), 최대 1,000배 이상(1,500만 원) 벌 수 있는 노하우를 담았다. 10배, 100배, 1,000배의 결과는 모두 여러분들이 어떻게 노력하는가에 달려 있다. 다음부터가 아니라 지금 바로 긍정의 힘으로 시작해보기 바란다. 노력하는 자가 흘린 땀은 결코 배신하는 일이 없다는 사실을 기억해야 한다.

4. 실생활 속에서 아이디어 제안거리 찾는 비법

마지막 방법으로 실생활 속에서 내가 경험한 것을 바탕으로 제안하기에 대해 설명한다.

필자가 가장 선호하는 아이디어 제안거리 찾는 법이고 가장 추천하는 방법이다. 필자의 제안은 대부분 직접 현장을 체험한 사실과 경험을 바탕으로 만든 제안들이다. 내가 겪은 사실과 경험을 우리의 입장에서 표현하면 가장 실속적이고 실용적인 제안이 나오게 된다. 필자는 이 방법을 통해 최근 4년간 대통령 표창 2회, 국무총리 1회, 장관, 위원장 6회, 처장/청장,광역시장/도지사/시장/군수/구청장은 200회 이상 우수제안으로 선정되어 상장(표창장), 부상금(상품권)을 수상하였다. (각 국가기관 위원회의 위원장상, 각 교육청의 교육감상, 각 국영기업 공사 사장상을 포함하면 그 수는 훨씬 늘어난다.)

중앙우수제안에서 대통령표창, 국무총리표창, 장관표창을 수상한 제안 사례는 별도로 제8장에서 다루기로 한다. 초보, 초급 제안자들의 이해를 돕기 위한 실생활 속 사실과 경험을 바탕으로 만든 제안 사례를 설명하기로 한다. 초보, 초급 제안자를 위한 제안이라고 무시해선 안 된다. 난이도 D, C 수준이라도 중앙우수제안으로 추천되어 대통령표창, 국무총리표창과 같은 정부 포상이나 장관표창을 받을 수 있다는 것을 기억해야 한다. 필자의 경험으로는 중앙우수제안 역시 운이 많이 작용하는 것 같다. 필자도 진짜 좋은 제안이라고 생각되어 엄청 기대했던 제안들은 우수수 다 떨어지고 생각지도 않았던 제안들이 정부포상(대통령, 국무총리)과 장관표창을 받기도 했다. 난이도 D, C 제안이 반드시 난이도 D, C로 끝나는 게 아님을 기억하자.

〈실생활 속에서 경험한 것을 바탕으로 제안서 만들기 사례〉

2016년 국방부에서는 다음과 같이 청렴에세이를 공모하였다.
공모 참가자들은 다음의 참가신청서 양식을 사용하여 공모진에 접수하였다.

① 위의 이미지를 보고 떠오르는 아이디어가 있다면 핵심 내용을 메모하자.

2016. 국방 청렴에세이 공모전 참가신청서

성 명		생년월일	
주 소 (도로명)	우)		
연락처	전 화		
	휴대전화		
	E-mail		
제 목			

② 힌트가 필요하다면 붉은 박스 안을 잘 보기 바란다.

2016. 국방 청렴에세이 공모전 참가신청서

성 명		생년월일	
주 소 (도로명)	우)		
연락처	전 화		
	휴대전화		
	E-mail		

③ 번뜩이는 아이디어가 있다면 바로 메모하자.

```



```

④ 문제점을 찾았다면 개선방안을 생각나는 대로 메모하자.

```



```

⑤ 마인드맵을 사용하여 제안서(현황 및 문제점 - 개선방안 - 기대효과)를 만들어 보자.

```



```

⑥ 이제 여러분의 제안과 창의력대통령 제안을 비교해 보자.

필자는 개인정보를 수집·이용함에 있어 동의를 받아야 하는데 국방부가 제대로 받고 있는지, 개인정보 누출로 인한 범죄가 점점 늘어나는데 국방부는 국민들의개인정보를 보호해야 할 정부기관임을 현실적으로 인식하고 있는지에 대해 아이디어 제안거리 포인트를 두었다. 공모전 관련 첨부물을 확인한 결과 역시 개인정보 수집 이용 동의가 누락되었음을 발견하였다.

개인정보 보호 관련법을 어느 정도 이해하고 있어야 할 수 있는 난이도 B 수준 이상의 제안이다. 제안 핵심 주제는 국방부에서 수집 중인 2016년 청렴에세이 공모전에서 무분별한 개인정보가 수집되어 개선이 필요하다는 내용으로 A4 한 장 분량의 간결한 제안이다. 창의력대통령은 어떤 식으로 국방부 제안심사자에게 문제점과 해결책을 제시하는가를 지켜보자.

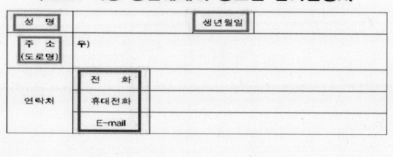

국방부 청렴에세이 공모전 신청서 접수 시
개인정보 보호법 위반사항 개선

현황 및 문제점

국방부 청렴에세이 공모전 내역을 보면, 개인정보 수집 및 활용 동의서 없이 무분별한 개인정보 수집을 하고 있어 국민들에게 큰 피해를 주고 있다. (성명, 생년월일, 주소, 전화, 휴대전화, 이메일 등 너무나 많은 개인정보를 요구하면서 개인정보 수집 이용 동의서를 받지 않고 있다.)

2016. 국방 청렴에세이 공모전 참가신청서

성 명		생년월일	
주 소 (도로명)	우)		
연락처	전 화		
	휴대전화		
	E-mail		

⑧ 위와 같은 현황과 문제점에 대해 여러분의 개선방안은 무엇인가? 무조건 답을 먼저 보지 말고 잠시 동안 머릿속으로 마인드맵 제안서를 그려야 한다. 계속 반복적인 훈련을 해야 20분 만에 제안서 한 장을 뚝딱 만들 수 있게 된다. 반드시 마인드맵 후 창의력대통령 제안과 비교해보자.

개선제안

모든 공모전에서는 접수자의 인적사항 즉, 개인정보 수집 및 활용 동의서를 받고 시행해야 하기에 국방부에서는 관련 법규를 준수하는 공명정대한 제안제도 운영을 위해 공모전 참가신청서에 개인정보 수입 활용 동의서를 받을 것을 제안합니다.

- 수집 및 활용하는 개인정보의 수집 항목, 목적, 사용기간 등을 명시한 동의서를 받아야 한다. (개인정보보호법 제 15, 16, 26조)
- 또한, 개인정보 수집 및 활용에 동의하지 않을 경우 불이익을 받을 수 있는 사실을 분명하게 고지하여야 한다. (개인정보보호법 제 16조)

* 여성가족부 개인정보 수집 및 활용 동의서 징수 우수사례 참조: 공모전 별첨

이번 제안서에서는 국민제안의 타당성을 확보하기 위해 타 부처의 우수사례를 제안 근거로 제시하였다. 여러분의 마인드맵 결과와 비슷한가? 필자가 어떤 식으로 개선방안을 표현하여 제안심사자의 이해도를 높였는지 글쓰기 방법을 다시 한 번 천천히 읽어보자.

⑨ 이제 기대효과를 만들 차례이다. 기대효과는 문제점과 개선방안의 내용을 인용하면서 한 줄은 국민의 입장에서, 한 줄은 국방부의 입장에서 생각한 내용으로 적는 것이 가장 무난하다.

> ### 기대효과
> 공모전에 참여하는 국민들의 개인정보 수집 및 활용 동의서를 징수하여 정당한 개인정보 사용으로 대국민 공신력 제고 및 국방부 행정에 대한 안전한 정보화 소통 만족도 극대화

필자의 제안과 여러분의 마인드맵 제안서는 비슷한가? A4 한 장의 간결한 정책제안으로 국방부에 일반제안 신청하였다.

국방부는 제안접수 후 1주일 만에 제안심사 결과를 알려왔다.

제안내용

제목	국방부 청렴에세이 공모전 신청서 접수 시 개인정보 보호법 위반사항 개선
현황 및 문제점	세부내용 첨부 제안서 참조
개선방안	세부내용 첨부 제안서 참조
기대효과	세부내용 첨부 제안서 참조
첨부파일	📎 여성가족부 개인정보 수집 및 활용 동의서 샘플.hwp [99 Bytes] 📎 국방부 청렴에세이 공모전 신청서 접수 시 개인정보 보호법 위반사항 개선.hwp [60 KB]

심사결과	채택	통지일	2016-07-25 16:18:17

답변내용

안녕하십니까?
평소 국방사무에 대한 귀하의 관심에 감사드립니다.

귀하께서 공모 신청서 접수 시 개인정보 수집 및 활용 동의서를 받아야 한다는 제안에 대해
「개인정보 보호법」 제15조(개인정보의 수집·이용), 제17조(개인정보의 제공)에 따라 공모 참가자에게 개인정보 수집 및 이용 동의를 구할 필요가 있다는 것으로 검토하였습니다.
현재 공모 진행 중이나 개인정보 수집 및 이용 동의서 서식을 홈페이지에 게시하고, 기 응모자에게는 동의서를 제출하도록 안내(이메일, 전화)할 예정입니다.
제안사항과 관련하여 추가 궁금하신 사항이 있으시면 국방부 감사관실   ☎(02-748-6915)에게 문의해 주시기 바랍니다.
귀하의 가정에 건강과 행복이 늘 함께하시길 기원합니다.

실시예정 시기   ~ 2016년 07월

필자의 제안대로 개인정보 수집 이용 동의서를 추가하였다.

붙임 「2016 국방 청렴에세이 공모」 안내문, 참가신청서. 끝.

첨부파일 📄 국방 청렴에세이 공모 안내문.hwp (41 KB) 🔍 바로보기 📄 국방 청렴에세이 공모 참가신청서.hwp (14 KB) 🔍 바로보기
📄 개인정보수집이용동의서.hwp (16 KB) 🔍 바로보기
(브라우저 특성상, 파일명이 길면 잘릴 수 있습니다.)

필자의 제안대로 실현한 국방부의 답변을 일부 공개한다.

실시결과	실시	통지일	2016-07-25 16:18:17

실시내용

안녕하십니까?
귀하께서 제안하신 공모 신청서 접수 시 개인정보 수집 및 활용 동의서를 받아야 한다는 제안에 대하여
현재 공모 진행 중이나 개인정보 수집 및 이용 동의서 서식을 홈페이지에 게시하고, 기 응모자에게는 동의서를 제출하도록 안내(이메일, 전화)하였습니다.
※사이버방호정책과 개인정보보호담당 의견 : 개인정보 수집 및 이용 동의 필요

국방부는 우수 제안으로 선정하여 자체 포상하였다.

번호	제목	처리기관명	신청일	추진상황	추천	만족도응모
1691	🔒 국방부 청렴에세이 공모전 신청서 접수- ⊙	국방부	16-07-18	제안실현	0	완료

등록건수: 2621 건 　公개 　비공개 　15개씩 보기 ∨ 확인
⊙ 자체포상 ⊙ 중앙포상 ⊙ 공동제안 ⊙ 단체제안 ⊙ 공모제안

이상으로 '초보자가 가장 쉽게 제안하는 법'을 실제 제안 채택 사례를 통해 상세히 살펴보았다.

첫째, 홈페이지에서 아이디어 제안거리 찾기 (초급 수준)

둘째, 국민신문고 정책 토론에서 아이디어 제안거리 찾기 (중급 수준)

셋째, 언론에서 보도된 방송이나 뉴스 자료를 보고 아이디어 찾기
　　　(초급, 중급 수준)

넷째, 실생활 속에서 내가 경험한 것을 바탕으로 아이디어 찾기
　　　(초급, 중급, 고급 수준)

【 창의력 대통령 Tip 】

제안을 하기 위해서 가장 먼저 해야 할 것은 아이디어 제안거리 찾기이다. 위 네 가지 방법을 모두 사용할 필요는 없다. 그리고 반드시 필자가 알려 준 방법을 쓰라는 것도 아니다. 제안 활동을 꾸준히 하다보면 본인에게 가장 맞는 방법을 발견하게 될 것이다. 바로 그 방법이 여러분과 오랫동안 함께할 나만의 제안 방법이 될 것이다. 그 방법에 익숙해지는 순간 여러분이 원하는 목표 달성에 가까워질 것이다.

초보 및 초급제안자들에게 필수 과정인 제안서 만들기 워밍업(기본 능력 키우기)에서는 문제점 발굴 능력과 글쓰기 표현 능력을 집중적으로 키워나가야 함을 잊어서는 안 된다.

현실을 부정하기보다는
현실을 인정하며
나는 계속 노력해야 한다.
나는 할 수 있다.
나는 해낼 것이다.
나는 반드시 하고야 만다.
내가 흘린 땀은
결코 나를 후회하지 않게 만들 것이다.
【창의력대통령 최은석】

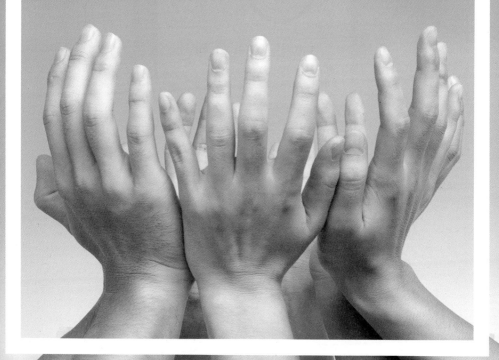

"제안 활동을 꾸준히 하다보면
본인에게 가장 맞는 방법을 발견하게 될 것이다.
바로 그 방법이 여러분과 오랫동안 함께할
나만의 제안 방법이 될 것이다."

6

난이도 ΛBCD 제안

6장. 난이도 ABCD 제안

필자(창의력대통령)는 제안 난이도에 따라 ABCD로 나누어 이해를 돕고자 한다. 먼저 난이도 A를 가장 높은 수준의 제안으로 하고 D를 가장 낮은 수준으로 정한다.

난이도 A는 거의 업무 담당 공무원 수준의 정책성 제안이라고 할 수 있다. 예산문제, 인력문제, 법적 문제, 관련 부처(부서) 간 협업 등이 포함된 제안이라고 할 수 있다. 난이도 B는 주로 예산, 인력 문제 등 두 가지 정도가 포함되어 있고 난이도 C는 한 가지 정도, 난이도 D는 '현재 문제점이 있는데 그것을 어떻게 개선하면 이런 점이 좋다.'의 내용이 대부분인 단순 제안으로 보면 된다.

초보제안자들은 난이도 D가 가장 어울린다. 초급제안자들은 난이도 C, 중급 제안자는 난이도 B가 가장 적당한데 반드시 그렇지는 아니하다. 연간 100개 이상 제안이 채택되는 중급제안자 모두 난이도 B 수준을 하는 것은 아니다. 난이도 B 이하로 C, D도 함께 제안한다.

이 책을 읽는 독자들 대부분이 초보제안자 또는 초급제안자이기에 난이도 ABCD를 보고 가장 자신에게 맞는 수준을 찾아 제안하면 된다. 필자가 제시한 난이도 ABCD의 사례들은 필자의 제안 스타일에 특화되어 있다. 필자의 제안 스타일은 필자의 그동안의 사회적 위치와 경험 등에 의해 만들어진 것이기에 참고는 하되 절대 스타일을 그대로 베끼면 안 된다. 남이 입은 옷이 아무리 멋지더라도 내 몸과 다르기에 그 옷을 사면 바지는 길이를 줄이고 윗옷은 허리를 줄이거나 늘여야 한다.

제안도 마찬가지이다. 항상 강조하는 내용이지만 자기에게 가장 적합하고 특화된 제안 기법을 응용 개발하여 아이디어를 발굴하고 글쓰기로 표현하는 것이 가장 중요하다. 이 책을 최하 3번 읽고 내용이 어느 정도 이해가 되면 그 다음부터는 책에서 가르쳐 준 방법을 따라 제안을 직접 만들어 국민신문고에 제안해 봐야 한다. 책만 열심히 읽는다고 되는 것이 아니라 직접 해보는 것이 더 중요하다. 그리고 제안 결과(채택, 불채택, 민원이관)를 계속 연구해야 한다. 그 속에 답이 있고 그 과정에서 많은 것을 배우게 된다.

1. 난이도 D 수준 제안 실전 사례

제일 먼저 난이도 D의 사례를 설명한다. 가장 쉬우면서도 가장 어려운 제안 만들기 사례가 될 수 있다. 난이도 D를 통과 못 하면 제안초급자의 단계로 절대 올라설 수 없다. 90% 이상의 제안 초보자들이 난이도 D의 제안을 못 만들어 낸다는 것을 알아야 한다. 그 이유는 기본도 제대로 배운 적 없으면서 기본에 충실하지 않고 무작정 자신의 현재 제안 만들기 수준을 뛰어넘어

무리하게 제안 만들기에 도전한 결과라 볼 수 있다.

필자는 그동안의 제안 강의에서 욕심이 과한 사람, 성격이 급한 사람을 많이 만났다. 그들은 기초를 배우려고 노력하지 않고 무작정 장관표창, 국무총리 표창, 대통령표창을 외친다. 표창(상) 받을 제안을 먼저 배우려고 현실의 자신을 망각한 욕심을 부린다. 결국 이들은 난이도 D의 제안 하나 제대로 만들지 못하면서 난이도 B, A의 제안을 만들려고 허황된 욕심을 부린다. 과욕은 탈이 나게 마련이다. 결국 그들은 난이도 D의 제안 하나 못 만들고 스스로 지쳐 포기해 버린다. 제안 활동을 하고자 하는 모든 이들은 절대 욕심을 부리지 말고 차곡차곡 단계를 밟아 오르길 바란다.

난이도 D는 '**현재 문제점이 있는데 그것을 어떻게 개선하면 이런 점이 좋다.**' 는 내용의 제안이다. 가장 무난한 제안이면서 가장 채택이 되기 쉽다. 받아들이는 정부부처, 지자체, 공공기관 등에서 제안을 채택해서 발생되는 부담감이 없기 때문이다. 제안 실시로 인해 투입되는 예산도 없고 인력 배정이나 제도 개편도 없기에 대체적으로 내용만 적합하면 제안 채택이 이뤄진다. 필자의 실제 사례들을 예로 들어 난이도 D 제안하기 실전 연습을 해 본다.

〈난이도 D 사례: 국민신문고 공모제안 신청 과정에서 발굴〉

국민신문고 공모제안 후 나타나
는 다음 이미지를 보고 떠오르는
제안 아이디어는 무엇인가?

최은석님의 공모제안신청이 완료되었습니다.
신청번호 : 1AP-1808-631168

비공개로 신청된 제안은 개인정보보호를 위해 진행상황 및 처리결과 확인 시 신청번호 또는 본인인증
(주민등록번호, 공공 I-PIN 등)이 필요합니다

힌트가 필요하다면 '비공개로 신청된 제안은 개인정보 보호를 위해 진행상황 및 처리결과 확인 시 신청번호 또는 본인인증(주민등록번호, 공공 I-PIN 등)이 필요합니다.'를 유심히 읽어본 후 떠오르는 아이디어가 있다면 일단 메모하자.

이제 제안거리를 발굴할 시간이다. **'비공개로 신청된 제안은…신청번호 본인인증…필요합니다,**가 맞는 안내멘트인지 비공개 제안을 실제로 확인해 본다. 국민신문고 HOME 〉 나의 이용내역 〉 국민제안에서 비공개 제안 하나를 클릭하여 확인해 본다. **'비공개 신청한 건은 회원 비밀번호를 한 번 더 입력해야만 확인할 수 있다'**고 안내하고 있다.

비공개 신청건 확인

비공개로 신청한 건은 회원 비밀번호를 한 번 더 입력하여야만 확인할 수 있습니다.

· 비밀번호

제안 아이디어를 발굴하였는가? 그렇다면 메모해보자.

제안에 필요한 아이디어가 발굴되었다. 제안의 이해를 돕는 데 필요한 사진(이미지)도 두 컷 확보되었다. 제안을 위한 기초가 모두 마련되었기에 이제 글쓰기 단계로 넘어간다.

먼저 제목을 정한다. 제안의 내용을 함축(요약)하는 제목으로 만든다.
1안) 국민신문고의 제대로 된 정보 안내 필요
2안) 공모제안에서 발생되는 잘못된 안내멘트 개선
3안) 잘못된 정보로 국민에게 혼동을 주는 국민신문고안내 개선

여러분은 1안 - 3안 중 몇 번으로 결정할건가? 아니면 여러분이 생각하는 제목이 있는가? 필자는 3안으로 결정했다. 제목을 정했으니 이제 내용을 만들 차례이다. 제안 아이디어를 글쓰기로 표현하는 데 가장 중요한 것은 "현황과 문제점 - 개선방안 - 기대효과"의 3단계 구성에 맞게 제안서를 만드는 것이다.
① 먼저 제목을 적어 놓고 내용의 3단계 구성(틀)을 잡는다.

잘못된 정보로 국민에게 혼동을 주는 국민신문고 안내 개선

현황 및 문제점

개선방안

기대효과

제안을 만들 때 제안은 쓰는 이가 아닌 받는 이 즉, 제안 심사자를 중심으로 적어야 한다. 아무리 좋은 아이디어라도 받는 이가 이해를 못 하면 그 아이디어는 불채택 되어 아쉬움으로 사라진다. 그래서 제안의 이해를 돕는 자료의 추가가 중요하다.

난이도 D의 제안일지라도 가급적 현황과 문제점에서 문제가 되는, 불편을 야기하는 근거가 되는 사진 또는 이미지를 첨부하여 받는 이(제안 접수기관의 심사자)의 이해를 도와주는 것이 유리하다.

초보자와 전문가는 이러한 점에서도 차이가 난다. 초보자는 자기주장을 관철시키려고만 하지 받는 이의 입장은 전혀 고려하지 않는다. 전문가는 내가 아닌 우리의 입장에서 누구나 이해하기 쉬운 공감하는 정책제안을 만든다. 자기만 아는 제안 내용보다 받는 이가 이해하기 쉬운 제안 내용이 더 좋은 제안임을 잊어서는 안 된다.

② 제안의 이해를 돕기 위해 사진(이미지) 등을 제안내용에 추가하고 ③ 현황과 문제점 또는 개선방안에 사진(이미지)가 추가될 수 있다.

제 목
현황 및 문제점

사진 (이미지) 추가

개선방안

사진 (이미지) 추가

기대효과

난이도 D는 '현재 문제점이 있는데 그것을 어떻게 개선하면 이런 점이 좋다.' 는 내용의 제안이다. 필자의 제안을 천천히 읽어보기 바란다.

잘못된 정보로 국민에게 혼동을 주는 국민신문고 안내 개선

현황 및 문제점

- 국민신문고에서는 공모제안 완료 시 다음과 같이 안내하고 있다.
  - ☞ 비공개 제안 확인 시 신청번호 또는 본인인증(주민등록번호, 공공 아이핀 등)이 필요합니다.
  주민등록번호와 공공 아이핀이 반드시 필요한가?

최은석님의 공모제안신청이 완료되었습니다.
신청번호 : 1AP-1808-631168

> 비공개로 신청된 제안은 개인정보보호를 위해 진행상황 및 처리결과 확인 시 **신청번호 또는 본인인증**
> (주민등록번호, 공공 I-PIN 등)이 **필요합니다.**
>
> ✿ 신청하신 민원은 **나의 이용내역 > 국민제안**에서 진행상황 등을 확인하실 수 있으며, 선택하신 통지방식에 따라 안내해 드립니다.

잘못된 안내로 혼동과 불편을 주지는 않는가?

국민신문고 회원 로그인을 하면 비밀번호만 입력해도 비공개 제안의 진행상황 및 처리결과를 확인할 수 있고 비회원 로그인을 하면 다음과 같이 휴대전화, 공인인증서, 공공아이핀, 외국인등록번호가 필요하다.

따라서 문제점에 나와 있는 안내 멘트는 국민신문고 제안자 대부분을 차지하는 '회원 가입 후 제안 신청자'에게 정보의 혼동을 주는 안내이며 국민신문고 이용 불편을 야기하는 잘못된 안내로 개선이 필요하다.

위와 같이 아주 상세하게 문제점을 그림과 함께 설명하면서 제안심사자의 이해도를 높이고 있다. 난이도 D 수준이지만 국민신문고의 전반적 시스템을 잘 모르는 이들에게는 너무나 어려운 난이도 A처럼 느껴질 수도 있다. 여러분이라면 위와 같은 문제점에 대해 어떤 식으로 개선방안을 만들 것인가? 마인드맵으로 천천히 머릿속에 개선방안을 그려본 후 창의력대통령의 개선방안과 비교해보자.

국민신문고에서는 잘못된 안내 멘트로 국민신문고를 이용하는 국민제안자들에게 정보의 혼동과 불편을 야기하는 내용을 개선하여 만족도 극대화와 이용 활성화에 기여할 것을 제안한다.

 − 올바른 안내 멘트는 아래 예시 참조하여 국민신문고에서 가장 적절한 멘트로
  개선 안내

〈예시〉 회원으로 로그인 후 신청한 비공개 제안은 회원 가입 시 설정한 비밀번호만으로 진행상황 및 처리 결과를 확인 가능하지만, 비회원으로 로그인 후 신청한 비공개 제안은 개인정보보호를 위해 진행상황 및 처리 결과 확인 시 신청번호 또는 본인인증(주민등록번호, 공공아이핀, 휴대전화 인증, 외국인 등록번호 등)이 필요합니다. 회원 가입 후 편리하게 국민신문고를 이용해 주시기 바랍니다.

〈참조〉 회원 가입 후 로그인하여 제안 신청한 국민제안자가 본인의 제안을 확인 시 다음의 안내문이 나타난다.

비공개 신청건 확인

비공개로 신청한 건은 회원 비밀번호를 한 번 더 입력하여야만
확인할 수 있습니다.

· 비밀번호 _____

이는 문제점의 안내와 달라 정보와 혼동이 발생되어 국민제안자의 이해를 돕는 올바른 안내로 개선이 필요하다. 또한, 회원 가입 후 로그인하여 제안 신청 시 제안자의 개인정보(주소, 전화번호 등)를 일일이 입력하지 않아도 되기에(회원 로그인하면 자동으로 나타남) 비회원보다 훨씬 편리하다는 것을 알게 하여 국민신문고 활성화를 제안한다.

– 비회원 로그인 시 회원 가입 로그인과 달리 신청인의 기본정보(주소, 전화번호)가 전부 빈칸으로 나타나기에 제안자가 일일이 입력을 해야 하는 번거로움 발생 (이용자 불편사항)

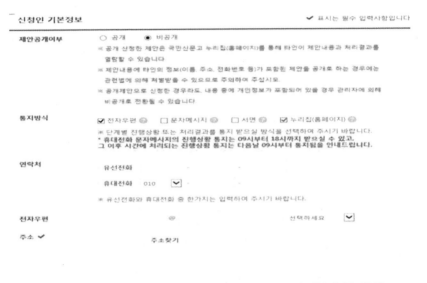

> ### 기대효과
> 국민신문고를 이용하는 국민제안자들에게 잘못된 안내 멘트로 발생되는 정보의 혼동과 불편을 제거하여 보다 많은 국민들이 국민신문고 이용에 편의성을 제고 할 수 있으며, 국민의 작은 불편도 개선하는 국민신문고 시스템의 열린 개선 조치로 만족도 극대화 및 공신력 제고에 기여함

2018년 8월 12일 일반제안을 신청하였고, 제안 접수 후 9일 만에 채택 후 실현되었다.

제목	처리기관명	신청일	추진상황
🔒 잘못된 정보로 국민에게 혼동을 주는 ..	국민권익위원회	18-08-12	제안실현

국민신문고 운영을 총괄하는 주무부처인 국민권익위원회의 제안 실시 답변의 일부를 공개한다.

실시결과	실시	통지일	2018-09-18 13:45:15
실시내용			

귀하께서 제안하신 국민제안(신청번호 1AB-1808-002761)에 대한 실시결과를 알려드립니다.
국민신문고 비공개로 신청된 민원, 제안 등 처리결과 확인 시 회원과 비회원에 적합한 안내문구 표출 제안건에 대하여
보안형으로 신청한 제안은 개인정보보호를 위해 진행상황 및 처리결과 확인 시 회원으로 로그인한 경우
회원 비밀번호, 비회원으로 로그인한 경우 신청번호 또는 본인인증(공공I-PIN, 휴대전화, 공인인증서 등)이 필요합니다.
위와같이 안내문구를 표출토록 수정하였습니다.

창의력대통령의 제안대로 현재는 다음과 같이 공모 완료 시 안내 멘트가 나타난다. 이해를 돕기 위해 전/후를 비교해보자.

(개선 전)

비공개로 신청된 제안은 개인정보보호를 위해 진행상황 및 처리결과 확인 시 **신청번호 또는 본인인증**(**주민등록번호, 공공 I-PIN 등**)이 **필요합니다.**

(개선 후)

✅ 비공개로 신청한 제안은 개인정보보호를 위해 진행상황 및 처리결과 확인 시 회원으로 로그인한 경우 **회원 비밀번호**, 비회원으로 로그인한 경우 **신청번호** 또는 **본인인증**(주민등록번호, 공공 I-PIN 등)이 필요합니다.

지금까지 난이도 D의 제안 실전 사례를 함께 해보았다. 난이도 D의 제안 실전사례는 제안 활동의 기초 공사가 되는 가장 중요한 과정이기에 이해가 어렵다면 다시 시작으로 되돌아가서 천천히 읽어 보기 바란다. 난이도 D 제안

이라고 절대 무시해서는 안 된다. 계속 노력을 하며 난이도 D 제안 만들기에 익숙해지는 순간 난이도 C 제안은 자신도 모르게 이뤄지고 있음을 알게 될 것이다.

2. 난이도 C 수준 제안 실전사례 ①

지금까지 난이도 D 수준의 사례를 함께 해 보았다. 이제 제안하는 것이 무엇인지 감을 잡았는가? 아마도 반응이 다음과 같이 극과 극일 것이다.

① "아하 ~ 국민제안이 이런 거구나."

② "아직도 뭐가 뭔지 모르겠네. 어리벙벙한 기분."

①의 기분이 느껴지는 분이라면 선천적인 능력을 타고 난 사람이다.

②의 기분이 느껴지는 분이라면 후천적인 노력이 필요한 사람이다.

선천적으로 센스가 있는 사람 ①은 몇 가지 실전 사례만 3번 정도 읽어 보면 바로 제안을 따라 할 수 있을 것이다. 이 책을 3번 이상 읽으며 한 달 동안 난이도 D 제안 만들기 100건을 시작하면 된다. 100건의 제안을 하는 동안 머리가 핑 도는 것을 느끼게 될 것이다. 100건을 마치는 순간 엄청난 희열을 느끼면서 난이도 C, 난이도 B를 향해 달리고 있는 자신을 발견하게 될 것이다. **한 달간 다른 주제로 100개 제안서 만들기는 제7장에서 다시 상세하게 다루었으니 참고하기 바란다**

난이도 D는 '현재 문제점이 있는데 그것을 어떻게 개선하면 이런 점이 좋다.' 의 내용의 제안이라고 했다. 난이도 C 제안은 난이도 D 제안과 달리 조금 더 수준이 높다고 보면 된다. 초급에서 중급 수준으로 넘어갈 때 간단 명료하면서도 핵심을 찌르는 정책 제안을 만들어 낼 수 있는데, 이 또한 일상생활 속에서 무궁무진하게 제안 아이디어거리를 찾을 수 있다. 필자는 난이도 C 제안을 설명하기 위해 모두에게 공정하지 못한 국가 정책을 개선할 것을 제안한 사례를 예로 든다.

강의 중 듣는 대학생(취업준비생) 수강생들이 "반드시 사진과 이미지를 넣어야 하나요?"라는 질문을 한다. 답은 반드시는 아니지만, 제안의 이해를 돕기 위해 넣는 것이 효율적이다. 핵심을 포함하고 정곡(正鵠)을 찌를 수 있다면 사진과 이미지를 넣지 않아도 제안이 충분히 설명될 수 있기에 이번 난이도 C 제안은 이미지와 사진이 없는 텍스트(글자) 중심의 제안으로 예를 들어 본다.

〈난이도 C 수준 고용노동부 일반 제안 사례〉

2013년 말부터 언론과 미디어를 통해 갑자기 불타는 금요일(불금)이라는 단어가 유행하기 시작하였다. 2014년에는 각종 불금 이벤트가 유행을 하고 정부부처에서도 지자체에서도 '불금 ! 불금 !!'을 외치기 시작했다. 대한민국 고용노동부도 노동자를 위해 SNS인프라를 통해 '불금'을 홍보하기 시작했다.

주말증후군? 월요병? 잘 쉬는 사람이 일도 잘 한다 | 성공하는 직장인되기

'직장인들에게 황금보다 귀한 것은 불금(불타는 금요일)이라는 우스갯소리가 있다. 그만큼 휴일은 엄청난.

▲이해를 돕는 이미지 출처 : 고용노동부 블로그

주말증후군!

월요병!!

불금(불타는 금요일)!!!

이러한 고용노동부의 불금정책 홍보를 보고 난이도 C수준 제안거리를 찾아보자.

고용노동부에서 잘못하고 있는 정책이나 고쳐야 할 것은 무엇인가? 난이도 C 수준의 국민제안자가 되려면 이정도의 힌트에서 제안거리를 찾아낼 수 있어야 한다.

제안 아이디어가 떠오른다면 메모해 보자. 힌트를 준다면 대한민국 전체 노동자의 입장에서 '불금'을 생각해 본다.

난이도 C 수준의 제안은 위와 같이 정부부처의 정책 홍보거리를 보고 제안거리를 찾아낼 수 있어야 한다. 난이도 D 제안과 달리 난이도 C 제안은 보다 정책적인 제안이라 할 수 있다. 여러분의 실력 증강을 위해 필자는 조금 도와주는 의미로 고용노동부의 불금 정책 홍보에서 정책 제안 아이디어로 다음 세 가지를 제안거리 발굴의 힌트로 제시한다.

① 불금(불타는) 금요일 = 금요일 퇴근 이후 일요일까지 쉰다.

② 대한민국 노동자 수 〉 불금을 즐기는 노동자 수

③ 모두를 위한 정책이 아닌 특정 계층을 위한 정책은 공정하지 못한 정책이다.

위 세 가지 힌트를 잘 읽고 떠오르는 것이 있다면 핵심사항을 메모해보자.
전체 노동자의 대변인 입장에서 생각해야 한다. 마인드맵은 그림을 그리듯
생각을 만들어 갈 때 가장 효과적이다.

즉, 불금은 대한민국 전체를 위한 정책인가? 고용노동부는 대한민국 전체를
위한 고용노동부가 아닌가? 필자의 추가적 힌트에 떠오르는 정책 아이디어는
없는가? 필자의 제안을 공개하니 여러분의 생각과 같은지 비교해 보기 바란
다. 이번 제안은 사진이나 이미지 삽입 없이 텍스트만으로 만든 제안이다.

잘못된 고용노동부의 SNS 등을 통한 노동자 인식 관행 개선 제안

현황 및 문제점

얼마 전부터 '불금'이란 단어가 등장하였다.

불타는 금요일! 고용노동부는 SNS 등을 통해 불금 이벤트를 하고 있다. 하지만
고용노동부는 잘못된 노동자 인식을 가지고 있다. 우리나라 전체 노동자가 모두
불금의 기쁨을 누리는 것은 아니다.

철야근무자, 주말이 더 바쁜 자영업자, 택시 철도 등 교통업계, 경비업체 등 전체
노동자의 과반수 이상이 '불금'의 기쁨에서 제외인데도 주중 근무하고 주말 쉬는
1/3 정도의 노동자를 위해 고용노동부는 편향적 노동자 인식을 심어주고 있기에
근로자 차별로 인한 부정적 인식 및 국민 불신을 초래하고 있다.

(깨진 유리창으로 비정상적 차별적 문화가 창출됨.)

> ### 개선방안
> 잘못된 고용노동부의 SNS 등을 통한 노동자 인식 관행 개선 제안한다.
> 즉, 향후 SNS 등을 통해 각종 이벤트 등을 하거나 홍보를 할 때 주중근무자(일근자)를 위한 불금만을 강조하지 말고 철야자(야간근무자)를 위한 야간 근로자 이벤트, 주말 근무자를 위한 주말 근로자 이벤트 등 편향된 노동 문화가 아닌 전체 노동자를 고려한 문화를 정착시켜주길 바란다.

필자의 제안과 여러분이 생각하여 만든 제안을 비교하였는가? 여러분의 마인드 맵 결과와 같은가?

기대효과는 문제점과 개선방안의 일부 내용으로 국민의 입장에서 한 줄, 고용노동부 입장에서 한 줄을 적는 것이 가장 모범적인 기대방안이다.

> ### 기대효과
> 대한민국 전체 노동자를 위한 고용노동부의 근로자 문화 창출로 근로자의 사기 진작 및 고용노동부 대국민 신뢰도 증대
> 주중, 주말, 야간 근무자 등을 모두 아우르는 문화 창출로 노동자들 간의 부정적 인식 제거를 통해 단합된 근로자 문화를 형성할 수 있다.(깨진 유리창 찾기를 통한 비정상의 정상화)

필자의 제안에 대해 고용노동부는 다음과 같이 답변하며 제안을 채택 실현하였다.

귀하의 의견과 같이 불금 이벤트가 실제 철야 근무자, 교대 근무자들을 배제하는 경우로 비춰질 수 있다고 판단됩니다.

따라서, 향후 우리 부 SNS상에서 이벤트를 진행할 경우에는 불금 이벤트와 같이 특정 근로자 계층(주중근무자)이 아닌 모든 계층의 근로자들이 공유하고 공감할 수 있는 콘텐츠를 게재하도록 노력하겠습니다.

또한, 고용노동부는 불금이란 한쪽으로 치우친 정책 홍보는 더 이상 하지 않음을 약속하며 제안 내용대로 실시하였다.

귀하의 제안이 채택된 이후 우리부에서 운영하는 SNS상에서 불금 용어 자제, 특정 근로자층을 위한 이벤트를 실시하지 않았음을 알려드리며, 현재도 더 많은 근로자층이 공감할 수 있는 콘텐츠를 생산하기 위해 노력하고 있습니다. (근로자의 날 이벤트 참조)

초보/초급제안자들의 이해를 돕기 위해 필자 제안의 핵심을 한 번 더 이해하기 쉽게 설명한다. 대한민국에는 평일 9시 - 오후 6시까지 일하는 노동자보다 철야 근무, 3조 2교대와 같은 교대근무 등을 하는 노동자가 훨씬 더 많은 수를 차지하고 있다는 현실을 고용노동부는 간과한 것이다. '불금(불타는 금요일), 월요일병' 이런 단어는 일근으로 근무 형태를 구분하는 평일 9시 - 오후 6시까지 일하는 노동자를 위한 정책으로 전체 노동자를 대변해야 하는 고용노동부에 맞지 않는 정책이다. 특정 계층을 위한 정책과 이벤트를 홍보할 것이 아니라 전체를 아우르는 정책이나 이벤트가 필요하다.

이제 난이도 C 수준의 제안서 만들기가 이해되는가? 최대한 이해하기 쉽도록 풀어 설명하였기에 쉽게 이해를 했으리라 믿으며 혹시라도 이해가 안 되면 처음으로 돌아가 천천히 다시 읽어보기 바란다.

3. 난이도 C 수준 제안 실전 사례 ②

실생활 속에서 내가 경험한 것을 우리의 관점으로 제안할 때 가장 좋은 제안이 될 수 있다. 마땅히 개선되어야 할 불편 정책이기에 제안 채택률도 가장 높은 제안이다. (대학생, 취업준비생에게 가장 추천하는 제안 난이도 수준)

실생활 속에서 일어나는 일들에서 아이디어 제안거리를 찾는 법에 대해 설명한다. 통계청에서 다음과 같은 메일을 받았다. ① 이 메일에서 떠오르는 아이디어 제안거리는 무엇인가? 초보 및 초급제안자들의 이해를 돕기 위해 테두리 박스 안을 힌트로 제시한다. (개인정보 보호로 메일 주소 일부 삭제)

------- 원본 메일 -------

보낸사람: 이   oh05@korea.kr>

받는사람: <   1011@hanmail.net>, <a   3419@nate.com>, <   zvah@naver.com>, <   76@naver.com>, <kn   6@hanmail.net>, <h   emis@naver.com>, <z   hi@hanmail.net>, <s   ys77@naver.com>, <d   001@hanmail.net>, <k   ey@naver.com>, <1   0h@nowon.go.kr>, <sc   05608@korea.com>, <c   917@hanmail.net>, <5   kds@hanmail.net>, <y   52@hanmail.net>, <g   cto@naver.com>, <stev   lee90@gmail.com>, <c   212@naver.com>, <w   nng@hanmail.net>, <   kk@hanmail.net>, <nsv   123@naver.com>, <k   03@hanmail.net>, <s   34@hanmail.net>, <in   ees@hanmail.net>, <xc   013@naver.com>, <thdc   190@naver.com>, <ne   er@naver.com>, <g   ni@hanmail.net>, <k   0429@hanmail.net>, <e   nu1@naver.com>, 최성   <ct   085@korea.kr>, <3   ibcd@naver.com>, <   a21@naver.com>, <5   kds@hanmail.net>, <   nu1@naver.com>, <jq   ng@naver.com>, <xc   813@naver.com>, <jg   916@naver.com>, <o   2@naver.com>

날짜: 17.08.16 14.11 GMT +0900

제목: 안녕하세요. 통계청 제안담당자입니다.

척 보는 순간 아이디어가 떠오르면 난이도 C 수준의 제안서를 만들 준비가 되어 있다는 증거이다. 답이 훤히 보이는데도 머리를 갸우뚱거리고 있다면 아직까지 초급단계로 들어서지 못한다는 증거이다. 창의력대통령은 통계청으로부터 받은 메일에서 아이디어 제안거리를 찾았다. 여러분의 생활 속 곳곳에 아이디어 제안거리가 있다는 것을 명심해야 한다. 그 것을 찾고 못 찾고는 제안 발굴 기법을 배운 후 꾸준한 노력이 필요하다.

② 창의력대통령이 만든 현황 및 문제점과 여러분의 생각을 비교해보자.

현황 및 문제점

국민들의 개인정보는 보호되어야 하고 정부 기관은 국민들의 개인정보보호에 노력해야 한다. 통계청에서 국민들에게 보낸 단체 메일의 허점은 다음과 같다.
  – 최근 몇 년간 통계청에서 받은 메일은 전부 아래와 같이 개인정보 보호에 구멍이 있고, 가장 최근 사례를 예로 들어 설명합니다. (아래 이미지 참조)

위와 같이 단체메일을 보내면, 받는 이의 이메일 정보가 고스란히 노출된다.
(일부는 이름까지 공개됨)

이러한 이메일 정보들을 사이버 범죄자들이 악용한다고 가정하면, 통계청 설문 조사라 하면서 개인정보를 추가로 얻어내어 각종 범죄에 악용할 수 있다는 점을 간과하고 있어 개선이 필요하다. (통계청에서 받은 메일이기에 별 의심 없이 클릭했다가 악성 좀비바이러스, 해킹 바이러스 등이 담겨진 메일을 열어 볼 수도 있음을 간과하고 있다.)

창의력대통령이 발굴한 내용과 여러분의 아이디어는 비슷한가? ③ 현황 및 문제점이 정해졌다면 제목을 한 번 만들어 보자.

　1안) 통계청 단체메일 주의 사항 준수 제안

　2안) 통계청 단체메일 불편 사항 개선 제안

　3안) 국민대상 통계청 단체 메일 발송 시 깨진 유리창 행정 개선 제안

　4안) 여러분이 생각한 제목

여러분은 1안– 4안 중 어느 제목으로 할 것인가?

창의력 대통령은 3안으로 정하였다. ④ 이제 제목, 현황 및 문제점이 만들어 졌으니 개선방안과 기대효과를 만들 차례이다. 개선방안은 '내가 아닌 우리의 관점에서' 그리고 접수기관에서 할 수 있는 개선방안이 핵심이다. 반드시 마인드맵으로 먼저 그려본 후 창의력대통령이 만든 것과 비교해보자.

개선방안

통계청에서는 국민들에게 단체 메일 발송 시 사이버 범죄 집단에게 이메일이 노출되어 각종 범죄에 악용되어 경제적 물질적 피해를 당하지 않도록 "받는 이의 메일이 안보이도록 시스템을 개선"하거나,

(즉시 시스템 구축이 어렵다면) 개별로 메일을 발송하여 국민들의 개인정보를 보호할 것을 제안한다.

－ 개인정보보호법 상 살아 있는 개인정보 중 하나인 이메일 정보는 노출될 경우 스팸메일, 해킹메일 등의 표적이 될 수 있음을 간과해서는 안 됩니다.

－ 본 제안은 통계청 특정 부서만의 개선이 아니라 전체 부서에 전파하여 직원들 모두가 단체 메일 발송 시 개인정보 보호를 위해 개선 노력해야 합니다.

기대효과는 문제점과 개선방안에서 내용을 참고하여 적고 통계청과 국민의 입장에서 각각 한 줄씩 언급하면 가장 효과적인 기대효과를 만들 수 있다.

기대효과

본의 아니게 이메일 정보 등이 노출되어 사이버 범죄 집단에 악용될 경우를 사전에 예방하여 국민들의 경제적 피해 방지 및 빈틈없는 개인정보 보호를 통해 통계청 공신력을 제고시켜 외부 청렴도 제고에도 기여할 수 있다.

여러분의 마인드맵 결과와 비슷한가? 창의력대통령이 어떤 식으로 제안서를 풀어 가는지 주의 깊게 하나하나 짚어보기 바란다. 제안서는 제안서를 만드는 사람이 기준이 아니라 제안서를 받는 사람이 중심이 되어야 한다. 이해하기 쉽게 설명하며 단기간에 할 수 있는 필요한 일이라고 느끼고 수긍하도록 만들어야 한다.

창의력대통령은 국민신문고로 2017년 8월 17일 통계청으로 일반제안 신청했다. 통지방식은 이메일과 문자메시지이다. 즉, 불필요한 유선통화는 정중히 사양하고 있다. 제안을 한 후 걸려오는 담당 공무원의 전화는 엄청난 스트레스를 받을 수 있기에 이메일, 문자메시지가 가장 깔끔한 제안처리 결과 통지방식이다.

추가정보 입력사항	
통지방식	이메일, 문자메시지
공개방식	비공개

창의력대통령 제안 스타일은 '첨부 제안서 참조'로 하여 모든 내용은 첨부 파일로 보도록 했다.

제안내용	
제목	국민 대상 통계청 단체 메일 발송 시 깨진 유리창 행정 개선 제안
현황 및 문제점	첨부 제안서 참조
개선방안	첨부 제안서 참조
기대효과	첨부 제안서 참조
첨부파일	📎 통계청 메일 발송 시 깨진 유리창 행정 개선 제안.hwp [80 KB]

2017년 8월 17일 통계청에서 접수 후 심사 시작하였고, 2017년 10월 1일 채택과 동시에 제안은 실현되었다. 통계청의 실시 답변을 가만히 읽어보면 상당히 제안자의 입장을 존중하는 모범적인 답변을 하고 있다. 제안자의 입장에서는 이러한 제안자 중심의 답변이 상당히 고마운 답변이다. (답변의 일부를 공개한다.)

귀하의 제안사항에 대해 통계청 통계데이터기획과 개인정보보호 담당자의 검토의견을 참고하여 아래와 같이 제안처리(채택)를 하고자 합니다.

가. 먼저 귀하께서 말씀하신 바와 같이, 단체메일 발송 시 단체 수신인에 포함된 다수의 메일 주소가 서로에게 공개되는 바, 메일주소만으로도 개인정보에 해당할 수 있으며 이를 통한 악용의 소지가 있을 수 있는 바,

나. 향후 업무와 관련하여 다수의 수신인을 상대로 메일을 발송하게 될 경우, 개별적으로 이메일을 발송하는 등 개인정보보호에 앞장서는 통계청이 될 수 있도록 노력하겠습니다.

모든 정부부처, 지자체, 교육청에서 이런 식으로 제안자 중심의 답변을 하면 얼마나 좋을까? 그런데 제안활동을 해 보면 안하무인 답변, 갑질 답변, 제안자를 무시하는 답변을 하는 곳이 한 두 곳이 아님을 알게 될 것이나 절대 스트레스 받지 말고 무시해 버리기 바란다. 제안활동의 최대의 적은 바로 스트레스이고 그 스트레스를 이기지 못하면 제안활동을 포기하게 된다.

창의력대통령의 제안대로 통계청은 제안을 실현시켰다.

실시결과	실시	통지일	2017-10-01 17:48:28
실시내용	최은석 님, 안녕하세요!		

1. 귀하께서 제출해주신 '통계청 업무 관련 단체메일 발송 시, 개인정보보호를 위해 개별 메일 발송 등'에 대한 제안과 관련하여,

기 안내해드린 검토의견과 같이 향후 단체메일 발송 시, 개별 메일 전송 등을 통해 해당 내용을 실시코자 하오니 참고 부탁드립니다.

🔒 국민 대상 통계청 단체 메일 발송 ·   통계청   17-08-17   제안실현

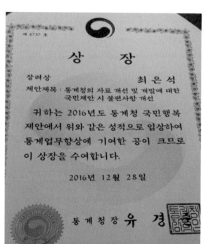

2015년 12월 통계청 우수제안으로 선정되어 부상금(S백화점상품권 30만원)을 받았다.

2016년 통계청 국민행복제안 공모에서는 부상금(S백화점상품권 30만원)을 받았다.

🔒 통계청의 자료 개선 및 개발에 대한 · 🔘   통계청   16-01-04   제안실현

4. 난이도 B 와 A 수준 제안 실전 사례

난이도 B 이상의 제안은 대학생, 취업준비생들이 하기에는 어렵다. 여러분들이 반드시 알아야 할 사실 하나가 있다. 난이도 D, C 라고 대통령표창 국무총리표창 장관표창을 받을 수 없는 것은 아니라는 사실이다.

필자가 국민신문고로 통한 국민제안 13,000건 이상을 연구하였고 스스로 제안 활동을 하면서 가장 아이러니한 사실은 국민제안의 가장 큰 영예인 정부포상(대통령표창, 국무총리표창) 제안들이 반드시 난이도가 높은 제안이 아니었다는 것이다. 즉, 난이도 D, C 제안도 대통령표창, 국무총리표창, 장관표창을 받았다는 사실이다. 대학생, 취업준비생 초보제안자들에게 필자가 추천하는 제안 역시 난이도 D로 연습하여 만든 난이도 C 수준 제안이다.

국민제안이 채택되고 실시되면 제안 실시 기관에서 우수 제안을 추천하여 매년 중앙우수제안 심사가 이뤄진다. 그 중 최고의 제안을 정부포상하고 그 다음 제안들을 장관표창을 수여한다. 중앙우수제안에 추천되었다고 해서 반드시 모두 상을 받는 것은 아니다. 추천된 제안 중 약 50% 내외가 최종 탈락되고 중앙우수제안에 선정되었다는 사실만으로 만족해야 한다.

난이도 B 이상의 제안은 99.99% 공무원 또는 공무원 출신들의 제안이다. 전문적인 지식이 없는 상태에서 난이도 B 이상의 제안을 만든다는 것은 현실적으로 어렵다고 할 수 있다. 필자는 난이도 D 제안을 600건 이상 만들어보고 난이도 C 제안을 400건 이상을 만들어 보면 그 과정에서 많은 것을 배우게 된다고 확신한다. 현재 대학생,취업준비생들은 정책의 일부 사실만 가지고 접근할 수 있기에 제도, 예산, 인력 문제 등 복합적으로 고려해야 하는 난이도 B 이상의 제안은 적합하지 않다고 본다.

이해를 돕기 위해 공무원 제안 스타일의 난이도 B, A 수준의 제안의 예로 필자의 사례 제시하니 참조만 하기 바란다. 제안 공부 차원에서 난이도 B 또는 A 수준의 제안을 더 필요로 한다면 온라인에서 공개된 중앙우수제안 공무원 제안들을 참고하기 바란다.

〈난이도 B - A 수준: 법제처 생활법령 개선 아이디어 공모 장려상 수상〉
초보, 초급제안자들의 이해를 돕기 위해 제안서의 핵심 내용만 추려내어 공개한다.

생활 불편 법령 개선을 위한 아이디어 공모제 제안 의견서

제목 : 국민 안전 및 구급 수송을 위한 승강기 폭(너비) 확대
정비 대상 법령 : 주택건설기준 등에 관한 규정 제 15조 승강기 등

○ 제15조(승강기등) ① 6층 이상인 공동주택에는 국토교통부령이 정하는 기준에 따라 대당 6인승 이상인 승용승강기를 설치하여야 한다. 다만,「건축법 시행령」 제89조의 규정에 해당하는 공동주택의 경우에는 그러하지 아니하다. ③ 7층 이상인 공동 주택에는 이삿짐 등을 운반할 수 있는 다음 각 호의 기준에 적합한 화물용승강기를 설치하여야 한다. 2. 승강기의 폭 또는 너비 중 한 변은 1.35미터 이상, 다른 한 변은 1.6미터 이상일 것

현황 및 문제점

ㅇ 현재 6층 이상 아파트는 승강기가 설치되어 있다.

ㅇ 그러나 현재의 승강기의 가장 큰 문제는 응급사고로 인한 환자 발생 시 119 구급대가 아파트 내 사고 현장에서 환자를 주들 것(이동식 들것)에 눕혀 그대로 수평 이동해야 하나, 대부분 승강기가 1.35미터 이상 / 1.6미터 이상으로 설계되어 척추 손상환자, 뇌출혈 환자, 허리디스크환자 등 흔들리거나 움직임 없이 누운 채로 조심스럽게 이송되어야 하는 환자들이 주들것에 접힌 채 이동하여 환자도 위험하고 불편, 구급대도 불편이 발생하여 2차 사고 발생 및 그로 인한 중증장애로 이어질 수 있음. (2차사고 피해로 법적 분쟁 발생 가능성 증대)

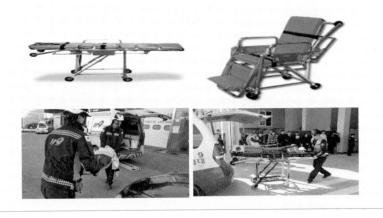

개선방안

ㅇ 119 구급대가 안전하게 흔들림 없이 주들것에 환자를 아파트 내 사고현장 – 승강기 - 구급차 - 병원까지 수평이동을 하기 위해서는 승강기의 크기를 1.35미터 이상/2미터 이상 으로 개선해야 안전하게 환자를 이송할 수 있다.

[주들 것(이동식 들것)의 크기는 <u>가로 190cm</u>, 세로 60cm]		
침상길이	세워 들때	1900mm
	의자식일때	630.1360mm
넓이		600mm
높이	세워 들때	830mm
	눕혀 들때	260mm
무게	침상전체무게	36kg
	제한하중	180kg

☞ 안전한 환자 수송을 위해 다음과 같이 법령을 개선 수정해야 한다.

15조 ③항 2 승강기의 폭 또는 너비 중 한 변은... 다른 한 변은 2.0미터 이상일 것

기대효과

① 국민의 건강 · 안전 확보를 위한 생활 불편 법령 개선에 기여하여 안전한
   환자 이송 체계 확립
② 사고발생 시 2차 사고 및 그로 인한 중증 장애 발생을 예방하여 환자와
   구급요원과의 2차 사고로 인한 법적 분쟁 등을 사전에 방지할 수 있다.

참고법령 : 건축법 시행령(국토부령), 주택건설기준 등에 관한 규정 등 이하 생략

위와 같이 난이도 B 수준 이상의 제안은 생활 속에서 잘 사용되지 않는 전문 용어가 사용되고, 제도 개선 등이 포함되기에 초보, 초급제안자들에게는 상당히 어렵게 느껴질 것이다.

난이도 B 수준 이상의 제안을 본 소감은 어떠한가?

난이도 B 수준 이상에는 예산, 법령 및 제도개선, 인력 문제, 타 부처와의 협업 등이 포함된다고 강조하였다. 필자는 초보, 초급제안자가 무리하게 난이도 B 수준 이상의 제안을 만들겠다고 도전하는 것은 과유불급(過猶不及)이라 생각한다. 자기 수준에 맞는 제안이 가장 좋은 제안이다.

본인의 수준에 맞는 제안을 해야 가장 이해하기 쉬운 제안서를 만들 수 있는데 무리한 욕심은 제안을 장황하게 만들며 깊이 없는 내용으로 인해 오히려 손해를 볼 수 있다는 것을 절대 잊어서는 안 된다. 각기 다른 주제로 1,000건이 넘는 제안서를 만든 후에 난이도 B 수준이상의 제안서 만들기에 도전할 것을 추천한다. 공모제안 결과 법제처장상(부상금 50만원)을 수상하였다. (아래 법제처 공모 관련 뉴스와 상장 참조)

이상으로 난이도별 ABCD 수준으로 나누어 제안을 살펴보았다. 본인에게 가장 적합한 제안 수준이 어떤 것이 될지 모르겠지만 분명한 것은 제안을 잘하기 위해서는 선천적 능력 + 후천적 노력이 필요하다.

법제처, 제6회 아이디어 공모제 우수작 선정

법제처 2014.04.30

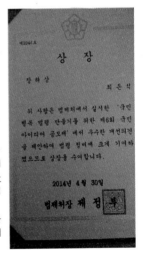

□ 법제처는 다양한 분야의 현장에서 국민이 불편하다고 느끼는 법령에 대한 개선의견을 제안받아 국민이 직접 법령 정비에 참여할 수 있는 기회를 마련하기 위하여 2011년부터 아이디어 공모제를 실시하여 왔다.

□ 이번 제6회 아이디어 공모제는 전 국민을 대상으로 지난 2월 10일부터 4월 10일까지 실시되었으며, 총 697건의 개선 제안이 접수되었다.

□ 그 밖에도, 개발제한구역 내 농업용 창고에 농기계를 보관할 수 있도록 하자는 제안, 장애인 편의를 위하여 공공기관의 주출입문에 자동문을 설치하도록 하자는 제안, **척추손상 환자의 안전한 이송을 위해 승강기의 규격을 변경하자는 제안** 등 참신하고 건설적인 법령 개선의견들이 수상을 하였다.

□ 법제처는 오늘 수상한 개선의견을 포함하여 우수한 제안의견들은 부처협의를 거쳐 국무회의에 보고하고 관련 법령을 정비할 계획이다.

선천적인 능력과 후천적인 노력은 초보 제안자의 수준을 탈피하기 위한 기본 능력이자 제안 전문가가 되기 위한 불가분의 능력이다. 선천적 능력을 타고나도 노력을 안 하면 더 이상 아이디어는 발굴되지 않고 능력도 퇴화된다. 선천적 능력이 부족하여 발전이 느린 사람도 포기하지 않고 꾸준히 노력하면 어느 순간 선천적 능력을 가진 사람보다 더 높은 단계에 올라서 있음을 알게 된다.

순간적으로 치고 달리는 능력이 뛰어난 100미터 달리기를 잘하는 사람보다 마라톤처럼 꾸준한 페이스로 계속 달릴 수 있는 능력이 제안활동에는 필요하다. 비록 지금 이 순간 '뭐가 뭔지도 모르겠고 어리벙벙한 기분'이 드는 사람은 안 된다고 스스로 부정하며 포기하지 말고 천천히 난이도 D 사례부터 되짚어보기 바란다.

실제 필자는 제안 강의 중 아주 느린 초보제안자를 만났다. 아무리 해도 제안을 못 만들고 힘들게 겨우 만들어 낸 제안들이 불채택 되어 심한 좌절감에 빠져 불평불만만 가득 찬 상태였다.

"긍정은 제안을 낳고 부정은 민원을 낳는다."
필자가 제안 특강 시작에 언급한 내용이다. 수강생이 120명 정도 모인 특강의 참석자 대부분이 단 한 번도 제안 채택이 안 된 사람들이었고 노력해도 결과가 안 좋으니 심한 좌절감에 심리적으로 상처를 받은 사람들이 대부분이었다. 필자의 특강에서 저작권 문제로 강의 내용을 사진 찍지 말라고 해도 끝까지 사진을 열심히 찍으며 메모하였다. 결국 포기하지 않고 노력하는 자세에 감동되어 몇 가지 팁을 개별적으로 좀 더 알려 주었다. 3년 정도가 지난 지금 다시 그 사람을 보면 지역에서 유명한 국민제안자가 되어 있었다. 제안으로 여기저기서 수상도 하며 상금(상품권)도 상당한 금액을 받았다는 소식을 들었다. 필자의 강의를 듣고 꾸준히 노력을 하여 자존감을 높이며 대접받는 대학생(취업준비생)들의 소식을 들으면 엄청 기분이 좋아지고 흐뭇하다.

선천적 능력이 없어도 후천적 노력에 의해 성공하는 경우는 많다. 대부분의 사람들이 노력도 하지 않고 죽기 살기로 노력해 보지도 않고 조금만 힘들면 포기해 버린다. 제안 활동도 마찬가지이다. 땀은 결코 거짓말을 하지 않는다. 노력하는 만큼 분명히 실력은 늘어난다. 제안활동에 포기란 단어는 절대 생각하지말자. 왜 안 되는 지 원인을 찾아야 한다. 그리고 다시 시작해야 한다.

어느 순간 내 자신이 만든 제안이 채택되고 상 받고 상금을 벌게 되어 자존감을 높일 수 있게 된다. 내가 만든 제안서 1장이 나비효과가 되어 국가(지자체, 교육청)정책의 긍정적 변화가 일어 날 때 뿌듯한 희열을 맛보며 극도의 높은 자존감을 짜릿하게 느끼게 될 것이다. 그 때부터 주변에서의 대접이 달라짐과 동시에 나 자신에게 내가 하는 스스로의 대접도 달라짐을 알게 될 것이다

대학생, 취업준비생의 이름으로 당당한 삶을 살 수 있도록 포기하지 말고 반드시 3개월 이상 노력해 볼 것을 추천한다. 제대로 배워 시작한 제안활동의 결과는 빠르면 한 달, 늦으면 1년 이내 반드시 여러분의 눈과 귀는 물론 입을 즐겁게 만드는 결과로 되돌아 올 것이다.

5. 난이도 C 부터 난이도 A까지 제안 콘테스트

시작은 난이도 수준 C로 시작해서 끝은 난이도 A로 끝나는 제안도 있다. 무슨 이야기인지 몹시 궁금할 것이다.

최근 국민신문고의 공모제안, 정부부처, 지자체, 공공기관 등에서 특정 주제에 대해 국민의 아이디어를 모을 때 단순히 제안서 제출 - 제안심사 - 평가 결과에 따른 시상을 하는 것이 아니라 채택된 국민제안을 공개 발표를 하여 최종 우수 제안으로 선정하는 곳이 점점 늘어나고 있다.

제안서만 잘 만들면 끝나는 것이 아니라 파워포인트 제작 능력과 제안 내용을 공개적으로 평가단 앞에서 발표하는 능력까지 우수해야 수상할 수 있다. 아무리 좋은 정책 아이디어를 제안해도 심사위원과 국민평가단들의 날카로운 질문에 응답해야 하는 국민제안 공개 발표 심사제도는 남 앞에서 발표하는 것이 서투른 사람은 심리적 위축으로 상당히 불리할 수 있다.

필자는 그러한 제안 콘테스트에 여러 번 출전하여 수상한 경험이 있다. 점점 이러한 국민제안 공개 발표 심사제가 늘어나고 있음을 감안하여 이해를 돕기 위해 필자의 사례로 대구광역시에서 주최한 정책 제안 콘테스트 참여 사례를 공개해 본다.

대구광역시 정책제안 콘테스트 프로세스는 간단하다.
① 정해진 주제의 제안서를 국민신문고 공모제안으로 접수 ② 담당 부서에

서 채택한 제안 중 추천 제안을 콘테스트 발표 제안으로 선정 ③ 콘테스트에 출전한 채택제안을 파워포인트로 만들어 콘테스트 행사장에서 공개 발표 ④ 심사위원과 국민 청중 평가단의 제안 관련 질문에 응답 ⑤ 국민평가단의 심사 점수에 의해 순위 결정 ⑥ 콘테스트에 출전한 제안에 대해 시민 여론 현장 조사 후 최종 점수에 반영하여 ⑦ 시상 등급을 나눠 포상한다.

즉, 담당부서(공무원)만의 평가가 아닌 국민의 평가까지 포함하여 제안을 최종 평가하는 상당히 복잡한 제안 콘테스트이다. 제안 콘테스트 개최에는 발표자의 심리적 위축감, 부정적 질의로 인한 평가에 미치는 영향, 원거리 타지역 거주자의 발표 참여의 어려움 등 여러 가지 문제점도 발생한다. 하지만 긍정적 시각에서는 국민의 평가를 반영시켜 좀 더 국민 중심의 정책을 만들어보겠다는 열의(熱意)로 볼 수 있다.

대구광역시에 채택된 국민제안서를 파워포인트(PPT)로 만들어 발표해야하기에 파워포인트 제작 능력이 일단 필요하다. 평소 파워포인트에 익숙한 국민제안자들에게는 쉬운 일이겠지만 그렇지 않은 국민제안자에게는 큰 부담으로 다가온다. 필자가 만든 파워포인트의 일부를 공개한다.

2014. 5. 28. 서울지하철 방화

3호선 도곡역 열차 방화 사건

① 28일 오전 10시 54분께 도곡역에 막 진입하려던 전동차 안, 조모씨가 가방에 인화물질 뿌리고 불 붙임

4번째칸 암록 노약자석

② 총 9량중 앞 5칸 승객 2700여명 승강장으로 대피 나머지 뒤 4칸 승객 1000여명은 선로를 따라 이전 역으로 대피

③ 오전 11시 정각, 소화기를 들고 출동한 역무원들에 의해 진화

④ 조모씨, 방화 과정서 화상을 입어 피해자인 것처럼 구급차에 올랐으나 곧 경찰에 붙잡힘

장예진 기자 / 20140528
@yonhap_graphics(트위터)

YONHAP NEWS

(서울=연합뉴스) 장예진 기자 = 28일 오전 10시 54분께 서울 강남구 도곡동 지하철 3호선 도곡역에 막 진입하려던 오금 방면 전동차 안에서 조모(71)씨가 인화물질을 뿌리고 불을 붙였다. 다행히 승객들이 재빨리 내리고 역무원들의 초기 진화로 인명피해는 없었다.

국민들 스스로 살려고 한다.

안전 시설(장비)를 이용한다.

터널로 대피(이동)한다.

방염처리(유독가스 ⬇)

안전 시설(장비) 추가

대구 지하철은 안전한가?

'터널 내 사고 정차 시 행동요령' 누락

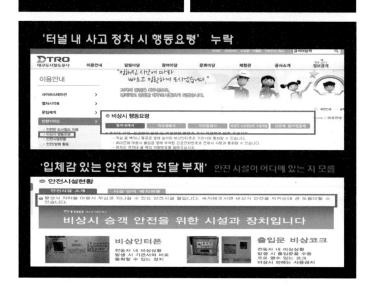

'입체감 있는 안전 정보 전달 부재' 안전 시설이 어디에 있는 지 모름

비상시 승객 안전을 위한 시설과 장치입니다

비상인터폰
전동차 내 비상상황 발생 시 기관사와 바로 통화할 수 있는 장치

출입문 비상코크
전동차 내 비상상황 발생 시 출입문을 수동으로 열수 있는 코크 비상시 외에는 사용금지

'안전가이드 – 비상시 행동요령' 설명 중

'터널 내 사고 정차 시 행동요령' 추가 (반드시 숙지 필요)

* 타 도시철도 우수 사례 참조 대구도시철도에 맞게 응용 노출

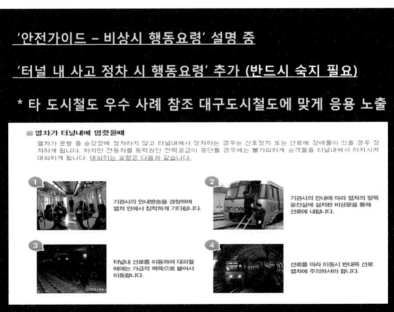

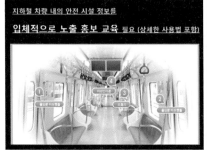

제안 발표 파워포인트는 제안서와 마찬가지로 발표하는 사람 중심이 아닌 발표를 듣는 사람 위주로 작성해야 한다. 제안 내용의 이해도를 높이기 위해 시청각적 자료를 함께 제공할 때 가장 효과적인 전달이 될 수 있고 공감을 이끌어 낼 수 있다.

국민제안 공개 발표, 국민평가가 최종 심사에 반영되는 정책제안 콘테스트는 다음 사진과 같이 공개된 장소에서 자신의 제안 내용을 마이크를 들고 발표해야 한다. 100명이 넘는 많은 사람들 앞에서 공개 발표하는 것에 대해 울렁증이 있는 제안자들에게는 너무나 큰 심리적 부담이 아닐 수 없다.

필자는 대중 앞에서 강의 경험이 많다보니 발표 순서를 기다리는 시간이 약간 지루할 뿐 심리적 부담은 없었다. 공개발표, 질의응답 후 이뤄진 심사 결과에서 운 좋게도 1등을 하였다.(8번 발표 제안)

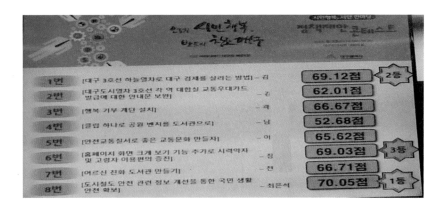

시민들의 의견을 들어본 현장평가까지 반영한 대구광역시 정책제안 콘테스트 최종 결과 장려상을 수상하였다.

(상금 50만원 + 10만원)

필자는 이후 개최 된 대구광역시 정책제안 콘서트에서 2회 더 참가 및 수상하였다.

시작은 난이도 C 제안서로 시작하여 파워포인트를 만들면서 난이도 B로 올라갔고 공개 발표를 하면서 난이도 A가 된 정책제안 콘테스트는 현재 조금씩 늘어나는 추세이다.

필자가 강의 때마다 대학생들과 취업준비생들에게 신신당부하는 이야기는

"지레짐작하여 판단하지 말고 선입견과 고정관념을 가지지 말라."는 것이다. 해 보지도 않고 부정하며 단정하고 해 본 적도 없으면서 추측하는 것은 절대 금물이다.

많은 대학생, 취업준비생들이 지레짐작한 판단과 선입견으로 자신에게 다가 온 많은 기회를 놓치고 있다는 사실을 모르고 있다. 고정관념에 사로 잡혀 지금 자신이 조금만 노력하면 잡을 수 있는 기회를 보지 못하고 있다. 일단 노력해보고 안 되면 더욱 더 노력한 후 판단할 것을 추천한다. 열린 생각과 긍정의 눈으로 세상과 공감 소통할 때 여러분들에게 더 많은 기회가 생길 수 있다는 것을 꼭 기억하도록 하자.

"긍정은 제안을 낳고
부정은 민원을 낳는다."

7

제안 실력을 단기간에
올리는 비법 공개

7장. 제안 실력을 단기간에 올리는 비법 공개

필자가 약 3,000건 이상의 제안 활동을 하면서 불채택으로 상처 받아 넘어지고 깨지고 찢어지면서 개발한 트레이닝 프로그램이 바로『각기 다른 주제로 한달 간 100건 제안하기』였다.

"전문가님 ! 제안을 쉽게 하고 제안하는 실력을 늘리려면 어떻게 해야 하나요?"

필자의 대답은 아주 간단하다. 초보제안자들에게 '현재 문제점이 있는데 그것을 어떻게 개선하면 이런 점이 좋다.'는 내용으로 각기 다른 주제의 난이도 D 수준 제안을 100개를 30일 동안 만들어 볼 것을 제안한다.

각기 다른 주제의 아이디어로 한 달 동안 제안 100건 만들기를 3회 정도하여 3개월 정도 연속하여 연습하는 과정을 통해서 초보 단계 탈출은 물론 초급, 중급 단계까지도 도달할 수 있다. 난이도 D제안을 만들다보면 점점 제안서 만드는 스킬이 늘어나고 심사 결과 채택, 불채택을 반복하면서 공무원들의 친절한 답변을 연구하다보면 상당한 지식을 쌓을 수 있게 된다.

즉, 왜 채택 되었고 불채택 되었는지 그 이유를 조금씩 알게 된다. **난이도 D 수준이라고 대통령표창을 못 받는 것은 아니다. 정부포상(대통령, 국무총리), 장관표창 수상 제안 중 난이도 D수준 제안이 의외로 많다.**

중요한 것은 제안을 잘하는 비법 중 하나가 실패 속에서 성공의 원인을 알아가는 것이다. 성공만 해본 사람은 사람들이 실패했을 때 해결책을 제시 못한다. 실패를 밥 먹듯이 해본 사람도 그 원인을 찾기 위해 부단히 노력하지 않으면 계속 실패한다. 하지만 실패의 원인을 꾸준히 연구하는 긍정의 힘을 가진 이는 실패하지 않고 성공하는 길을 언젠가 찾게 되어 있다.

국민제안도 마찬가지이다. 보통 사람은 100번 불채택하면 심한 스트레스성 좌절감에 빠져 그냥 포기 해버린다. 하지만 필자는 그 불채택 속에서 채택의 길을 찾고자 노력했다. 그리고 그 길을 마침내 찾았다. 각기 다른 아이디어로 한 달 동안 제안 100건 만들기 ! 정말 어렵고 힘든 과정이다. 하지만, 실제 이 과정을 직접 체험하며 이겨낸 수강생이 중급제안자 또는 제안전문가의 길을 걷고 있다.

"한 달 100건? 어떻게 100건을 만드나요? 한 달 한 건 만드는 것도 힘든데..."

제안 100건을 만들라고 주문하면 듣는 이 100% 위와 같이 놀란 답변을 한다. 제안 100개 만들기가 초보 제안자들에게는 엄청 힘들 수 있다. 게다가 한 달 30일 동안 100개 만들기는 엄청난 부담감이 될 수 있다. 매일 3-4개의 각기 다른 주제로 된 제안을 만들어야 한다. 100개의 제안 거리로 A4 한 장 분량의 제안서를 만들면 100장의 제안서를 만들게 되는 것이다.

"하루 한 건의 아이디어를 발굴하는 것도 어려운데... 매일 3-4건의 아이디어를 어찌 발굴하나요?"
"A4 100장의 제안서? 한 달 동안 아무것도 안하고 제안만 하라는 건가요?"

일단 해보지도 않고 핑계부터 찾는 부정적 마인드가 강한 수강생들은 보통 위와 같은 답을 한다. 필자가 항상 긍정적인 마음, 노력하는 자세가 중요하다고 강조하는 이유가 바로 여기에 있다. 긍정적으로 노력하는 자세가 된 수강생은 일단 이렇게 반응한다.

"한 달 동안 100건을 어찌 해야 하는지 가르쳐 주세요. 한 번 도전해 보겠습니다."
"아이디어 제안거리 찾는 법만 배우면 가능할 것 같습니다. 방법을 가르쳐 주세요."

해 보지도 시작도 안한 상태에서 부정적인 얘기는 하지말자. 필자는 직접 해보지 않는 것을 이 책에 담지 않았다. 이 책에 담긴 모든 내용은 필자가 직접 부딪치며 얻은 교훈이며 실패하지 않는 방법들이다.

2011년 7월 4일, 처음으로 국민신문고 국민제안을 시작하였다.
'홍성군 관광을 활성화시키기 위해 도시 관광객들의 눈높이에 맞는 온라인

활용 다각적 홍보가 필요하다.' 는 제안이 그 해 말 운좋게도 군수상(장려상)을 수상하였다. 홍성군 종무식에서 60대 이상의 마을 이장님들, 청년회장님들과 홍성군수에게 장려상을 수상하고 상장과 부상으로 광천 재래김을 포함 해 홍성군 특산품을 푸짐하게 받았다. 퇴근 후 집에 오니 가족들이 얼마나 좋아하던지 아직도 기억에 생생하다. 좋은 기억은 계속 행동하게 만든다.

말은 참 쉬운 것 같지만 수강생 수백 명 이상에게 이 방법을 알려줬는데 끝까지 좌절하지 않고 『한 달간 제안 100건 만들기 프로젝트』를 성공한 이는 20명 이하에 불과하다.

필자는 최초의 제안이 홍성군수상을 수상한 이후 99건의 국민제안을 하여 97건이 불채택되었고 단 2건만이 채택되었다. 여기서 중요한 시사점은 필자 역시 불채택 제안의 연속된 알림으로 엄청난 스트레스와 좌절감을 맛보았다는 사실이다. **여러분이라면 어찌할 것인가? 계속 도전할 것인가? 이제 그만 포기할 것인가?**

필자는 도전을 선택하였다. 2014년 12월 국민제안으로 대통령상을 받고 여기 저기 창의력 무료 특강을 다니면서 대한민국 대학생(취업준비생)들의 고민을 상담하는 기회를 가지게 되었다. 그 때 부족한 등록금, 생활비, 학원비, 용돈 등을 만들기 위해 너무 많은 시간을 투자하고 육체적 노동을 하고 있다는 사실을 알게 되었다.

"대학생(취업준비생)들이 시간에 구애받지 않고 몸 편하게 할 수 있는 취업 스펙 만들기는 없는가?"
"대학생(취업준비생)들이 아르바이트나 단기간 근로 이력(스펙) 대신 자존감을 높이고 대접받는 취업스펙은 없는가?"

이 두 가지를 몇 달간 고뇌한 결과 상 받고 돈 벌며 자존감을 높일 수 있는 곳이 바로 '국민신문고 국민제안제도'라는 것을 알게 되었다. 대한민국 대학생, 취업준비생들을 위해 조금이라도 몸 편하게 시간에 구애받지 않고 부업할 수 있는 방법을 알려주기 위해 본격적으로 국민신문고 국민제안을 연구하기 시작했다. 남의 이야기가 아닌 내가 직접 경험한 이야기로 실패하는 원인을 분석하여 성공할 수 있는 지름길을 개척하고자 노력했다.

제안 활동 중에 넘어지고 다치고 깨지고 찢어져도 실패의 원인을 분석하며 포기하지 않고 계속 도전을 하였다. 그 과정에서 필자가 개발한 트레이닝 프로그램이 바로 『각기 다른 주제로 한달 간 100건 제안하기』였다. 필자는 2015년 2번, 2016년 1번 총 3번의 자체 트레이닝을 하였다. 한 달 동안 100건의 각기 다른 주제로 제안을 만들어 제안하는 과정을 통해 많은 것을 배울 수 있었다.

불채택, 불채택, 불채택, 불채택, 매일 날아오는 불채택 메일에 엄청 스트레스를 받았다. 공모제안이든 일반제안이든 전부 불채택되어 날카로운 비수처럼 가슴에 꽂혀 강한 통증을 유발하였다. 국민신문고에 로그인하기도 싫은 마음이 생기기도 했지만 긍정적 마인드가 강한 필자는 포기하지 않고 실패의 원인 분석을 위해 전부 출력하여 공부했다. 계속 아이디어 제안거리를 찾고 메모하고 정리하여 제안 활동을 지속하였다.

필자도 사람인데 어찌 스트레스를 받지 않을 수가 있었을까? 스트레스를 이겨내고 심리적으로 좌절하지 않고 긍정의 힘으로 계속 제안서를 만들어 제안하였다. 필자는 각기 다른 주제로 한 달 동안 최대 205건의 제안을 만든 적도 있었다.

$$205건/30일 = 6.83건(1일)$$

하루 한 건도 못 만드는 제안자가 99%인데 하루 평균 약 7건의 제안을 만들었다는 것이다. 그 방법이 대단히 궁금할 것으로 생각되어 필자의 제안 100건 만들기 과정을 공개한다.

『 비법 1 : 직장에서는 본연의 업무에 충실히 하고 자투리 시간을 최대한 활용 』

하루 왕복 세 시간 이상 걸리는 출퇴근시간을 활용하여 뉴스 보도자료와 같은 인터넷 자료 등을 검색하여 읽으며 지식을 쌓고 아이디어를 스마트폰에 메모하였다. 화장실에서도 아이디어가 떠오르면 메모하고 인터넷 자료를 검색하였다. 그리고 퇴근 후 직접 가 볼 수 있는 곳은 퇴근길에 들러서 현장을 확인하고 사진 찍었고 잠자기 전 보통 밤 12시부터 새벽 2시까지 그 날 발굴한 아이디어를 정리해 두고 잠이 들었다. 잠을 자다가도 아이디어가 떠오르면 스마트폰 메모장에 메모를 하였다.

『 비법 2 : 꾸준히 지식을 습득하기 위한 노력과 아이디어가 떠오르면 즉시 메모하고 사진 찍기 』
『 비법 3 : 뒤척이는 시간도 아깝다. 잠은 꾸벅꾸벅 올 때 자고 부족한 잠은 몰아서 자라.』

필자는 잠을 뒤척이는 시간을 제일 아깝게 생각한다. 잠은 진짜 꾸벅꾸벅 쏟아 질 때 잠을 잔다. 평균적으로 새벽 2시 반부터 5시 반까지 잠을 잤다. 하지만 꿈에서라도 아이디어가 떠오르면 일어나 메모를 하는 메모광의 습관을 가지고 있다. 부족한 잠은 출근하지 않는 쉬는 날 몰아서 10시간 이상 푹 잤다. 지금도 1주일에 한 번 늦잠을 푹 잔다. 머리를 많이 쓰면 잠이 부족하다고 신호를 보낸다. 그 신호를 무시하면 역효과가 발생되기에 충분한 휴양으로 머릿속을 개운하게 만들어야 한다.

『 비법 4 : 100건 한 번 했다고 다 된 것이 아니다. 부족하다 생각하면 100건 제안 한 번 더 하기』

처음에는 제안 한 건 만드는 데 시간이 제법 걸린다. 어떤 제안은 하루, 어떤 제안은 3일씩 걸리기도 하였다. 제안 내용에 담긴 수준에 따라 제안을 만드는 시간도 늘어난다. 하지만 제안 만들기 100건을 하는 과정에서 점점 짧아짐을 느낄 수 있었다. 한 달 동안 제안 205건을 만들고 나니 그 과정에서 많은 요령이 생겼다.

한 달간 100건 제안 만들기를 3번, 500건 이상의 제안서 만들기로 필자는 중급을 넘어 전문가로 성장할 수 있었다. 제안 채택률도 급격하게 상승하였고 무엇을 어떻게 제안하면 되는 지도 자연스럽게 알게 되었다. 제안의 기본 구성에 맞춰 아이디어를 글로 옮기는데 술술 풀리듯 제안서를 채워 나갔다. A4 한 장 이내의 난이도 C수준의 간단한 제안 1건을 만드는 데 20분 정도면 충분할 정도로 제안서 만드는 시간이 단축되었다.

평소 생활 속에서 아이디어를 발굴하고 사진 찍고 메모해 두는 일도 자연스럽게 습관화되어 갔고 언제부터인가 어디를 가서 무엇을 하든 제안거리가 눈에 보이기 시작하였다. 제안거리만 찾으면 글쓰기로 표현하는 것 역시 500건 이상의 제안으로 A4 1,000장 넘는 제안서 작성을 통해 자연스럽게 배우게 되었다. 메모 한 두 줄과 사진 한 두 장만으로 A4 한 장짜리 제안서를 순식간에 만들 수 있게 되었다.

"제안을 잘하려면 어찌 해야 하나요?"

대학생, 주부를 포함한 평범한 일반인 대상 제안 기법 강의 후 가장 많이 듣는 말 중의 하나이다. 필자는 질문에 답하기 전에 되묻고 싶다.

"제안을 잘 하기 위해 당신은 어떤 노력을 할 수 있나요?"

필자는 진짜 제대로 된 제안을 배워 보겠다는 수강생들에게 '한 달간 제안 100건 만들기'를 제안한다. 필자의 강의를 들었던 이들 중 적극적인 관심을 가진 이들에게 구체적으로 해 보도록 했다. 그러나 '한 달간 100건 제안'은 결코 쉬운 일이 아니었다. 많은 이들이 시도하였지만 그 중 끝까지 포기하지 않은 일부만이 해내었고 결국 그들은 연간 100개 이상의 제안이 채택되는 중급 수준이상의 국민제안자가 되어 전국 곳곳에서 활동하고 있다.

앞서 말했지만, 필자는 직접 각기 다른 주제로 '한 달간 제안 100건 만들기'를 해 보았기에 그 고통을 알고 있다. 제안 100개 만들기를 완료했을 때 나의 머리는 하얗게 변해 있었다. 눈 밑에 다크서클이 진해졌다. 본업에 충실하면서 쉬는 날 가족들과 여행을 하거나 외식 등을 제외하고는 특별한 일이 없는 한 틈나는 대로 제안서를 작성하며 거의 시간을 보냈다.

프로젝트를 성공한 수강생들은 모두 다시는 '한 달간 제안 100개 만들기'를 도전하고 싶지 않다고 할 정도로 힘든 과정임을 필자도 인정한다. 필자는 그 과정을 3번 진행하였다. 그 사이에 대통령표창도 받고 국무총리표창, 장관표창(이하 생략)도 받을 수 있게 되었다. 정말 최단시간 이룬 엄청난 업적이었다. 그 모든 것을 '각기 다른 주제로 한 달간 제안 100개 만들기'가 가능하게 해 주었다. 지금 돌이켜보면 정말 잘했다는 생각이 든다. 그 과정을 통해 정말 많은 것을 배웠다.

특히, 불채택 제안을 통해 제안을 채택하는 법도 배울 수 있었다. 불채택 답변을 계속 연구하다 보니 자연스럽게 왜 불채택 되었는지를 알게 되었다. 그리고 제안서 만드는 일이 점점 쉬워졌다. 평소 생활 속에서 메모 한 두 줄과 사진 한 두 장을 보면 도깨비 방망이가 마술 부리듯 뚝딱 제안을 만들 수 있게 되었다.

아픈 만큼 성숙해지듯 그 과정을 성실하게 치룬 여러분에게도 똑같은 경험 결과가 이뤄질 것이라 확신한다. **부정이 없는 순수 긍정의 힘으로 '각기 다른 주제로 한 달간 제안 100개 만들기'를 반드시 도전해 볼 것을 추천한다.**

▲ 정치 선거제도 개선 국민 아이디어 공모 시상식(대상 200만원)에서 국민제안활동의 동반자 사랑하는 아내와 함께.

"국민신문고 국민제안제도 활용
　　나만의 차별화된 창의력 스펙(이력) 만들기"

8

대통령, 국무총리, 장관
표창 수상 실전 사례

8장.대통령, 국무총리, 장관표창 수상 실전 사례

국민제안자의 한사람으로 고뇌한 제안이 채택되어 심사기관에서 중앙우수제
안으로 추천되어 전국에서 모인 제안들과 경쟁을 하여 최종 우수제안으로 선
정되면 훈격에 따라 대통령표창, 국무총리표창, 장관표창을 받게 된다.

국민제안자에게는 큰 영광의 순간이며 지난 시간동안 정책제안서를 만들며
고생했던 보람을 느끼는 순간이기도 하다. 필자의 경험으로는 중앙우수제안
은 운이 상당히 작용한다고 생각한다.

필자가 '이 제안은 분명 대통령표창을 받을 것이다.'라고 생각한 우수제안들
은 추천되지 않았고 의외의 제안들이 추천되어 좋은 결과를 얻었다. 중앙우
수제안에 필자의 제안이 4건 추천된 적도 있고 2건 추천된 적도 있었지만 필
자가 심혈을 기울여 만든 제안은 아쉽게도 추천받지 못하는 아이러니한 상황
이 발생하기도 하였다.

제안활동을 하면 할수록 복불복(福不福)이라는 생각이 강하게 든다. 하지만, 항상 긍 정의 힘으로 제안하고 결과물로 좋은 일에 기부하는 삶을 사는 이상 필자에게 끊임없이 여기저기서 좋은 소식이 들려왔음은 확실하다. 제 8장에서는 대통령, 국무총리, 장관표창 수상 사례 중 대학생(취업준비생) 초보제안자들에게 가장 도움이 될 만한 사례를 선정하여 설명하려 한다. 4건 모두 난이도 A가 아닌 C ~ B 수준의 제안이었다.

1. 2014년 정부시상(대통령) 200만원

2014년에는 중앙우수제안에 필자의 제안 4건이나 추천되었다. 정부시상인 대통령상을 받은 제안은 대전광역시 중구청에서 추천한 제안이었다. 초보, 초급제안자들의 이해를 돕기 위해 프로세스별 이미지를 가급적 원본 그대로를 공개한다. 제안서를 만드는 세부 프로세스는 지금까지 공개한 사례로 공부할 수 있기에 생략하고 필자가 강조해 온 정책 제안서의 기본 구성 요소와 발굴한 아이디어를 어떤 식으로 접수기관의 이해를 높이는 글쓰기를 하였는지에 대해 확인해보자.

▲ 시상식 사진 및 대통령상장 사진 (대통령상과 부상금 200만원)

2014년 12월 15일 자랑스러운 대통령상 수상소감을 발표하는 날,『내 집 앞 눈 치우기 운동을 봉사활동과 연계』제안을 하늘에서 축하라도 하는 듯 대설주의보와 함께 많은 눈이 펑펑 내렸다. 제복을 입고 발표하는 필자의 가슴에는 국민제안자의 한 사람으로 높은 자존감이 휘날리며 쌓이고 있었다.

제안의 이해도를 높이기 위해 대통령상 수상 제안 원본 내용을 공개한다.

내 집 앞 눈 치우기 운동을 봉사활동과 연계

현황 및 문제점

정부차원에서 내 집 앞 눈치우기 운동을 홍보 계몽하고 있지만 국민들의 귀는 닫혀있고 마음은 쉽게 열리지 않고 있다.
님비주의에 의해 대한민국은 내 집안만 소중하게 생각하는 풍조가 있고 결국 남을 배려하는 문화가 점점 사라지고 있다.

개선방안

내 집 앞 눈치우기 운동을 봉사활동과 연계할 것을 제안한다.
즉, 내 집 앞 눈 쓸기를 하는 가정의 학생들에게 봉사활동 확인서를 중구청 명의로 발행하여 자발적인 국민적 참여를 유도한다.

- 봉사활동은 중고생이라면 누구나 해야 한다.
  대학생들도 사회봉사활동을 해야 한다.
- 봉사활동과 내 집 앞 눈치우기를 연계하면 부모는 물론 학생들에게 가장 가깝게 손쉽게 봉사할 수 있는 길이 되기도 한다.

* 봉사활동 확인서 : 눈 내리는 날 눈이 쌓이면, 인증샷을 찍고, 내 집 앞 눈 치우는 모습 그리고 눈 치우기 운동을 한 후의 모습을 찍어 세 장의 사진을 첨부하면 지자체에서 봉사활동 확인서를 발행해 주는 프로세스이다.

이러한 프로세스는 부모들과 함께 하기에 가정의 화목을 이끌어 낼 수도 있고, 봉사가 어려운 것이 아니라 작은 것에서 부터 시작된다는 것을 가르쳐 줄 수 있다.

* 중구청에서 먼저 전국 최초로 시행 후 전국 지자체로 확대 시행하면 구민(국민)과 함께하는 대전 중구청의 이미지 제고에도 기여함

기대효과

내 집 앞 눈치우기 운동의 자발적인 참여 유도 가능 눈 치우며 가정(부모와 자녀)의 화목한 대화 유도 바른 가정 만들기도 가능 봉사활동의 의미를 새롭게 인식시켜 전 국민적 봉사활동 가능

국민신문고 국민제안 진행 과정은 제안신청(2013년 12월 29일) - 제안접수 (12월 30일) - (제안채택 2014년 1월) - 제안실현되었다.

처리결과
(「처리결과」를 눌러 결과를 확인하시기 바랍니다.)

심사결과	채택	통지일	2014-01-13 10:02:49
답변내용			내집앞 눈치우기 운동을 자원봉사활동과 연계하는 사항에 대해서 소방방재청에서 충분히 검토하였고, 그 결과 내집앞 눈치우기 운동을 자원봉사 활동과 연계하기로 함에 따라 우리 중구도 자원봉사센터에 봉사활동 모집공고를 1월 10일부로 공지하였습니다.
첨부파일			자원봉사3.jpg [48 KB]

그 해 전국적으로 내 집 앞 눈치우기 운동이 시행되었고 서울특별시 **구청 등에서는 내 집 앞 눈치우기 인증샷 콘테스트 대회를 개최하여 최우수 인증샷 상금 300만원을 걸기도 했다.

【창의력대통령 Tip】

이 책을 읽는 독자를 위해 국민제안달인의 비법을 1~3까지 공개한다. 제안서를 만들기 전 읽어보고 제안을 신청하기 전 한 번 더 읽어보기 바란다.

아무도 알려주지 않는 국민제안 필수 비법 1

① 제안 구성의 3단계를 반드시 지킬
 – 현황 및 문제점 : 제안자가 아닌 제안 접수(심사)자가 이해하기 쉽게
 – 개선 방안 : 최소의 예산으로 최대의 효과
 – 기대 효과 : 공무원의 입장에서 국민의 입장에서
② 가장 쉬운 난이도 D 수준의 제안부터 시작해야 지치지 않는다. 과욕(過慾)은
  금물(禁物)
③ 뉴스, 신문, 생활 주변에서 나 혼자가 아닌 우리가 겪은 일을 내가 아닌 우리의
  입장에서
④ 절대 좌절 하지 말고 긍정의 힘으로 계속 도전 "부정은 민원을 낳고 긍정은
  제안은 낳는다."

2. 2015년 정부포상(국무총리) 100만원

2015년 중앙우수제안에서 정부포상인 국무총리표창을 받은 제안은 문화재청에서 추천한 제안이었다. 정부포상은 대통령표창, 국무총리표창을 말한다. 초보, 초급제안자들의 이해를 돕기 위해 프로세스별 이미지를 가급적 원본 그대로를 공개한다.

필자가 강조해 온 정책 제안서에 발굴한 아이디어를 어떤 식으로 표현하여 접수기관의 이해를 높이는 글쓰기를 하는지에 대해 확인해보자.

국무총리표창 수상 제안은 당시 필자가 자녀들의 체험학습을 위해 문화재 관람을 여기저기 다니는 중이었는데, 어린이 문화재 관람 시 너무 소란스럽고 문화재를 눈으로 보지 않고 손으로 만지는 것을 보고 문화재 관람 에티켓 교육이 필요하다는 생각이 들어 제안서로 만들어 제안한 것이 영광스러운 결과를 낳았다.

필자가 항상 강조하는 내용인 '실생활 속에서 발굴된 아이디어 제안거리'가 결국 가장 좋은 정책 제안거리가 된다는 것을 증명해 주는 결과였다. 당시 역사적 가치를 지닌 고대의 문화재를 손으로 만지어 파손시키는 어린이 문화재 파손 사고가 발생하여 뉴스 보도로 한동안 사회적 이슈가 되기도 하였다. 지금까지 공부한 것을 바탕으로 충분히 이해가 되겠지만 보다 더 이해도를 높이기 위해 제안 내용을 원본 그대로 공개한다.

제목, 현황 및 문제점을 보고 개선방안을 함께 연구해보자.

올바른 문화재관람을 위한 문화재관람 에티켓 노출 및 교육 제안

현황 및 문제점

문화재는 이 시대에 끝나는 게 아니라 영구 보존의 가치를 가지고 있다. 현재
문화재청 홈페이지를 보면 최고로 중요한 정보인 문화재관람 에티켓 정보가
누락되어 있다. (어린이문화재청 홈페이지에도 누락되어 있다.)
문화재 관람 인구가 점점 늘어나고 있으나 문화재를 소중히 지켜야 할 의무에 대해
서는 소홀히 하고 있다. 문화재 관람 시 소중한 문화재를 반드시 지켜야할 의무를
포함한 문화재관람 에티켓 홍보 및 교육이 절실히 필요하다.

개선방안

문화재청 홈페이지 메인에 문화재 관람 시 반드시 지켜야할 에티켓을 정리 노출하여
홈페이지에 들어온 국민들이 볼 수 있도록 해야 한다.

또한, 소중한 문화재를 지키기 위해 문화재 관람 에티켓 교육 홍보를 제안한다.

- 어린이 문화재청 홈페이지에는 어린이들의 시각에 맞춘 에티켓 정보 노출 필요
- 웹툰 또는 이미지로 하여 다운받도록 한다면 금상첨화 ^^

특히 어린이들에게 올바른 문화재 관람 에티켓 교육은 문화유산의 소중함을
가르치고 유지하게 하는 인성을 바탕으로 한 역사 교육이 될 것이다.

기대효과

소중한 문화재를 지키기 위해서는 올바른 문화재관람
문화정착이필수이며,문화재관람 에티켓을 국민들에게 알도록 하는 것은 필수조건이
될 것이다. 국민들이 문화재홈페이지에서 문화재 정보와 함께 올바른 문화재관람
에티켓을 동시에 습득하여 문화재 보존에도 기여하게 된다.

이 제안은 창의력대통령이 정한 난이도 기준 C 수준의 제안이었다. 에티켓 정보는 어른들의 시각에 맞춘 정보들이 일부 존재하였는데 어린이들이 이해하기에는 어려웠다. 필자 제안의 핵심은 어린이들이 좋아하는 만화스타일로 에티켓을 만들어 교육 전파하면 정보습득이 빠를 것이라 판단하고 어린이 눈높이에 맞는 문화재 관람 에티켓 전파였다. 어떻게 표현했는지 다시 한 번 관찰해보자.

제목	처리기관명	신청일	추진상황	추천	만족도응모
🔒 올바른 문화재관람을 위한 문화재관람 -	문화재청	15-05-06	제안실현	0	완료

문화재청의 제안실현 답변을 공개한다.

최은석님, 안녕하십니까? 우리의 소중한 문화유산에 대한 관심과 애정에 감사드립니다.

귀하께서 제안해주신 좋은 아이디어를 반영하여 올바른 문화재 관람 문화가 정착될 수 있도록 노력하겠습니다.

다시 한 번 훌륭한 제안을 해주신 점에 대해 진심으로 감사 말씀드리며, 우리 문화유산에 대한 귀하의 깊은 사랑에 감사드립니다. (이하 생략)
2015-10-26 [실시완료]

여러분은 국민제안자로 제일 기쁠 때가 언제라고 생각하는가? 중앙우수제안으로 선정되어 정부포상도 받고 상금 100만원, 200만원, 300만원, 700만원을 받았을 때라고 생각하는가?

필자가 제일 기쁠 때는 내가 한 제안이 세상을 변화시키는 나비효과가 되어 이 곳 저 곳에서 필자의 제안이 반영되어 개선된 모습을 볼 때였다. 가슴이 두근두근 뛰면서 나의 작은 아이디어가 세상을 바꿀 수 있다는 사실에 흥분하며 행복했다. 그리고 받은 상금을 키다리아저씨가 되어 조용한 기부를 할 때 뿌듯한 행복감은 더욱 커졌다. **대통령표창 수상자 최은석, 국무총리표창 수상자 최은석도 좋지만 키다리아저씨가 되겠다고 생각한 초심을 잃지 않은 덕분에 계속 좋은 일이 생기는 것 같아 필자의 국민제안활동은 멈추지 않고 계속될 것이다. 다시 한 번 국민신문고란 제안제도에 감사함을 전하고 싶다.**

(시상식 모습과 국무총리 표창장)

2015년 12월 14일 행정안전부 서울청사에서 행정안전부 장관으로부터 국무총리표창을 수상하였다. 필자는 5년 전(2010년)에도 관광진흥유공자로 국무총리표창을 수상하였는데 애국가를 부르다 이상하게 눈물이 고였다. 1999년 공무원 임용식 날에도 애국가를 부르던 중 눈물이 났는데, 그 날도 애국가를 부르면서 가슴이 찡하게 떨리면서 눈시울이 촉촉해졌다. 대한민국 국민으로 사는 게 너무 자랑스러워서였다고 말하고 싶다.

【창의력대통령 Tip】

이 책을 읽는 독자를 위해 국민제안달인의 비법을 1~3까지 공개한다. 제안서를 만들기 전 읽어보고 제안을 신청하기 전 한 번 더 읽어보기 바란다.

아무도 알려주지 않는 국민 제안 필수 비법 2

① 절대 부정적 내용을 강조 금지

② 다음, 네이버 등 주요 포털사이트에서 유사제안인지 아닌지 생각한 아이디어 검색 필수

③ 예산 과다 투입, 중장기적(너무 긴) 시간이 소요되는 정책 아이디어는 하지 마세요. (단기간 성과가 유리)

④ 누구나 알고 있는 평이한 내용은"검토 중, 계획수립 중"으로 답변(불채택)할 확률 100% !!

⑤ 공무원도 제안자와 같은 국민의 한 사람입니다. 기본적 예의를 지켜주세요.

⑥ 현실에서 발견한 아이디어로 우리 모두를 위한 제안을 우리의 관점에서 제안하세요.

▲ 미래창조과학부(우정사업본부) 공모에서 받은 가족사진으로 만든 기념우표는 지금까지 받았던 인상적인 제안 기념품 중 하나이다.

3. 2016년 장관표창 180만원(100+30+50만원)

2016년 중앙우수제안에 추천되어 장관표창을 받은 제안은 제주특별자치도
(서귀포시)에서 자체 우수제안으로 선정된 제안이었다. 제주도로 떠난 아들
과 여행에서 발굴한 아이디어로 제안하였고 중학생 아들과 공동제안하여 영
광스럽게 부자가 공동 수상하였다. 비록 대통령, 국무총리표창은 아니었지
만 수상 기쁨은 더욱 컸고 지금까지 그 어떤 제안보다 애착이 상당히 강한
제안이다.

필자가 실생활 속에서 아이디어를 발굴하여 내가 아닌 우리의 입장에서 특정
인, 일부가 아닌 모두를 위해 개선 제안할 때 가장 좋은 정책제안이라고 항
상 강조해 왔다. 이 제안 역시 실생활 속에서 아들과 아빠가 함께 창의력 여
행 중 얻은 현실적 생활 불편 문제에 대한 개선 제안이었다.

제안의 이해도를 높이기 위해 장관표창 수상 제안의 원본을 공개한다. 제안은 내(제안자) 기준이 아닌 접수심사자의 기준에서 가장 이해하기 쉽게 적어야 한다. 이해도를 높이기 위해 사진이나 구체적 근거(증거 자료)를 제시하는 것도 효과적이다. (개요는 2017년 제안서 형식 간소화 정책에 의해 현재 삭제됨)

서귀포시 비상품 감귤 유통 신고센터 운영 개선을 통한 판매 촉진 활성화 제안

개요
서귀포시 비상품 감귤 유통 신고센터 운영관련 혼동 방지 및 불편 개선 제안

현황 및 문제점
감귤 주문 후 비상품 감귤 유통 신고센터에 문의를 하려고
http://www.seogwipo.go.kr/contents/?mid=0522&mdidx=&mcidx=&sso=ok에 나오는 전화번호로
전화를 해보았으나 토, 일 모두 전화를 받지 않았습니다.

일단, 문제점 하나를 발굴하였다. 여러분이라면 위와 같은 문제에 대해 어떤 방법으로 해결책을 제시하겠는가? 난이도 C수준의 제안으로 생활 속 불편을 야기하는 안내 시스템 개선이 필요하다는 것을 기억하자.

또 하나의 문제점 발견 !

또한, 횡경 2S~2L ?? 대과, 소과의 기준은 무엇이며 중결점과는 무엇인가요?
일반국민이 알기 쉽게 공지를 해야 혼동과 불편 없이 정보가 전달됩니다.

마인드맵으로 위의 두 가지 문제점에 대해 개선방안과 기대효과를 그려 본
후 필자의 답과 비교해보자.

개선제안

제주감귤을 구매해 먹는 소비자의 대부분은 제주도 지역 국민들이 아닙니다.
또한, 감귤전문가도 아니기에 어려운 용어, 이해하기 어려운 단위 등은 알기 쉽게
표기를 해주어야 합니다

1. 일반국민들이 알기 쉽도록 공지 내용을 설명해주어야 합니다.
   감귤의 결점의 정도에 따라 치명결점, 중결점, 경결점으로 구분하여 관리하는 데,
   그 중 重缺點을 가진 제주감귤을 결점과라하여신고대상이 됨을 알려주고
   (결점의 기준을 명확히 !!)

2. 감귤 상품 품질규격 기준안은 기존 '0번과'에서 '10번과'까지 총 11단계로 나눠진
   감귤 규격 중 상품감귤의 기준을 2S (49〜54mm), S(55〜58mm), M(59〜62mm),
   L(63〜66mm), 2L(67〜70mm) 등 5단계로 재조정됐기에 5단계 규격에 포함되
   면 '상품', 포함되지 않으면 '비상품'으로 분류되어 2S 〜 2L까지의 크기의 감귤
   을 상품으로 함을 알려줘야 합니다.

3. 횡경이라는 단어를 아는 일반 국민은 거의없기에 횡경 (지름)이라고 표시하여
   이해를 도와야 합니다.
   * 횡경(지름)과 종경(높이)은 감귤을 구매하는 일반 국민이 모르는 어려운
     용어입니다.

4. 신고센터인 서귀포시 감귤운영과 전화가 주말 공휴일에 받지 않는다면 명확한
   운영시간을 표시해주세요
   – 예시 : 주중 09:00 〜 18:00, 그 외 당직실 064 - 000 - 0000
   – 감귤을 구매하는 국민들은 대부분 저녁시간 이후 및 주말에 택배 받음을
     배려해서 반드시 당직실 번호 또는 야간 주말 신고센터 운영을 검토해야
     합니다.

여러분의 마인드맵 결과와 비슷한가? 기대효과는 '현황 및 문제점'과 '개선방안'의 내용으로 작성하고 한 줄은 국민의 입장에서 한 줄은 제안 접수 기관의 입장에서 적는 것이 가장 쉽다고 계속 강조했다.

> ### 기대효과
> 국민 혼동 요인 제거 및 불편 해소로 서귀포감귤을 구매한 국민들의 불편을 최소화하고 서귀포감귤에 대한 공신력 확보로 서귀포시 감귤에 대한 판매 촉진에 기여함

제안서를 만든 후 제주특별자치도 서귀포시로 일반제안 신청, 필자의 제안 스타일인 '첨부제안서 참고'

제안내용

제목	서귀포시 비상품 감귤 유통 신고센터 운영 개선을 통한 판매 촉진 활성화 제안
개요	첨부 제안서 참고
현황 및 문제점	첨부 제안서 참고
개선방안	첨부 제안서 참고
기대효과	첨부 제안서 참고
첨부파일	🖉 서귀포시 비상품 감귤 유통 신고센터 운영 개선을 통한 판매 촉진 활성화 제안.hwp [354 KB]

'개요'는 2017년 제안서 간소화로 인해 현재는 삭제되었고 '현황 및 문제점 - 개선방안 - 기대효과'3단계만 제안서 기본 구성으로 사용되고 있다.

국민제안자의 삶을 살면서 하나씩 기록이 늘어난다는 사실에 기쁘고 내가 하고픈 일을 하는데 많은 도움이 되기에 행복하다. 내가 만든 제안에 영광스러운 중앙포상 트로피(중앙우수제안에서 수상한 제안) 이모티콘이 하나씩 새

겨질 때마다 뭉친 어깨가 풀리고 눈의 피로는 사라진다. 다시 제안하고픈 강렬한 욕구를 불러 온다.

	자체포상		중앙포상		공동제안		단체제안		공모제안		

번호	제목	처리기관명	신청일	추진상황	추천	만족도응모
1	🔒 서귀포시 비상품 감귤 유통 신고센터 · 🅧🅥	제주특별자치..	15-11-21	제안채택	0	완료

이해를 돕기 위해 제주특별자치도(서귀포시)의 심사답변을 일부 공개한다. **제안자 중심의 만족도 높은 모범답변이다. 모든 행정기관에서 본받을 만한 답변이다.**

> 서귀포시 감귤산업 발전에 관심을 가져 주셔서 진심으로 감사드립니다.
> 우선 〈서귀포시 비상품감귤유통신고센터〉운영에 차질이 있었던 점에 대해 깊이 사과의 말씀을 드립니다.
>
> 1. 비상품 감귤은 『제주특별자치도 감귤생산 및 유통에 관한 조례 제2조 및 제21조』에 근거로 강제착색, 상품기준인 49mm~70mm에 해당하지 않는 감귤, 30% 이상 흠이 있는 과실인 중결점과에 해당되는 감귤입니다. 중결점과에 대한 기준은 『제주특별자치도 감귤생산 및 유통에 관한 조례 시행규칙』별표4에 명시가 되어 있으며 비상품 감귤의 기준을 일반인들도 쉽게 이해할 수 있도록 조속히 홈페이지 공지사항 수정하도록 하겠습니다.
>
> 2. 2015년 9.1일부터 감귤품질규격이 개선됨에 따라 그와 관련된 내용은 홈페이지 등을 통하여 홍보해 나감은 물론 어려운 용어도 누구나 알기 쉽게 표기하도록 하겠습니다.

3. 다시 한 번 〈서귀포시 비상품 감귤 유통 신고센터〉 운영이 미숙한 점에 대하여 사과드리며 시간 운영을 명시하도록 하겠습니다. 현재 주말 및 수시로 야간 단속을 운영하고 있습니다만 본격적인 노지감귤 출하 철을 맞이하여 〈서귀포시 비상품 감귤 유통신고센터〉도 원활히 운영 될 수 있도록 노력하겠습니다.

 – 주간(토, 일 포함) : 09:00~18:00 (064-760-2723)

 – 야간 : 18:00 이후 (064-120)

▲ 필자와 아들은 공동제안 수상(상금 100만원+30만원)

필자는 또 다른 제안으로 2015년 장관표창을 추가로 수상했으나 중복 수상 금지 규제에 의해 상금만 50만원을 받았다.

【창의력대통령 Tip】

이 책을 읽는 독자를 위해 국민제안달인의 비법을 1-3까지 공개한다. 제안서를 만들기 전 읽어보고 제안을 신청하기 전 한 번 더 읽어보기 바란다.

4. 대통령표창(2017년) 350만원+30만원

필자가 지금까지 제안활동을 하며 가장 속상했던 일이 있다. 어떤 일이었을까? 불채택 97번? 민원이관 70번? 불채택도 민원이관도 아니었다. 제안활동을 하면서 가장 속상했던 일은, 아니 평생 마음의 상처가 된 일은 바로 국민신문고 제안활동으로 가장 큰 명예인 자랑스러운 대한민국 대통령표창을 수상하지 못했던 일이었다.

예나 지금이나 정부에서 항상 고민하는 일자리 창출과 청년 취업 문제 해결을 위해 함께 하고 싶었기에 광화문 1번가 국민인수위원으로도 참여하였다. 깨진 유리창 없는 대한민국, 국민 중심의 정부 정책 만들기를 위해 신규 일자리 창출 및 장애인 제도 개선을 포함하여 다양한 제안을 지속적으로 하고 있다.

2014년 정부시상(대통령상)을 받았지만, 국민신문고 국민제안으로 2015년 정부포상(국무총리표창)을 수상했다는 이유로 2017년 국민제안 부문 대통령표창 최우수제안(은상)으로 선정되고도 과거에 정부포상(대통령, 국무총리)을 받는 자는 3년간 포상 중복 금지 기간 제한 규제로 줄 수 없다고 통보 받았다. 그것도 대통령표창 수여자 확정 결재 문서까지 받았고 추천기관, 심사기관 모두 축하의 전화까지 온 대통령표창이 행정안전부 담당부서 직원의 전화 한 통화로 그냥 표창장이 사라져버렸다. 딱 한 통화의 전화뿐이었고 결국 대통령표창 없이 최우수제안(은상) 상금 350만원만 받았다.

문재인대통령 시계도 받고 싶었는데 표창장을 안 주니 시계도 안줬다. 지금까지 여기저기서 다양한 수상을 해 본 필자에게는 최고의 황당한 시상 결과였다. 국민제안은 그 제안에 대해 시상을 하면 되는 창안상인데 쌓아온 공적 활동에 의해 받는 공적상과 같이 취급하여 제안자의 공적기간을 따지고 포상기간에 대해 불필요한 규제를 하고 있다.

필자는 대한민국 관광 활성화를 위해 틈새시장(외국인 유치)을 공략하여 제 37회 관광의 날에 대한민국 관광 진흥 유공 공적으로 2010년 정부포상(국무총리표창, 수장 수여)을 수상하였다.

국민제안으로 중앙우수제안에 추천되어 2014년 정부시상(대통령상 200만 원), 2015년 정부포상(국무총리표창 상금 100만원), 2016년에는 장관표창 대상 제안이 2건이었으나 중복 표창 수여금지로 1건은 장관표창과 상금 100만 원, 다른 1건은 장관표창장 없이 상금만 50만원을 받았다. 2017년 대통령표창(표창장 없이 상금만 350만원)을 받았다. 2018년 12월까지 정부포상 중복금지 기간 규제로 정부포상은 표창장을 받을 수 없고 상금만 받게 된다. **(정책 제안에 기간 규제가 필요한가? 지금도 필자는 불필요한 규제로 생각한다.)**

지금까지 제안활동으로 장관표창, 위원장/처장/청장 표창, 특별시장/광역시장/도지사표창, 시장/군수/구청장, 교육감, 이사장, 공사사장, 기업체 사장 등 수백 장 이상의 상장, 표창장, 감사장을 수상해 오면서 이런 황당한 규제는 처음이었기고 다시는 기억하기 싫은 마음 속 상처로 남아 있다.

제안활동을 하면서 오랫동안 상처로 남는 일 도저히 이해할 수 없는 황당한 일들이 있었지만 거기에 매달리면 다른 일을 할 수 없기에 스트레스 받기보다 새로운 아이디어 발굴에 신경을 썼다. 지금도 여기저기에서 필자의 2017년 중앙우수제안 최우수제안(은상 수상)이 많은 이들에게 샘플로 보여 지고 있다. 국민신문고(https://www.epeople.go.kr)에서도 볼 수 있다.
 - 찾아보기 : HOME 〉 고객센터 〉 신문고소식

국민신문고 국민제안 정책반영 우수사례　　　　　　　　2018-03-09 13:25:29

조회　2250　　　기관명　국민권익위원회

국민신문고를 통해 신청된 국민제안중 각급 기관의 심사후 정책반영된 주요 우수 사례를 소개합니다.

"정부정책에 대한 국민 여러분의 적극적 참여 부탁드립니다"

> 1. 기증재산의 흐름을 명확히 하여 투명성 및 공신력 제고 제안

2. 무인민원 발급기 개인정보보호 환경 개선

3. 주민등록증 발급절차 개선

4. 초보부모 멘토스쿨 운영

5. 노인·장애인 복지관 전동휠체어충전소 설치

6. 주민자치프로그램 수강시 카드결제

7. 의료원, 보건소에 청각장애인용 문진표 활용

8. 청년내일채움공제 신청기한 연장

9. 도서반납 프로그램에 공휴일 자동인식 및 반납일 적용

10. 도서관 중고책 기증박스 설치

제목은 '기증재산의 흐름을 명확히 하여 투명성 및공신력 제고 제안'으로

제안의 핵심은 사회적 문제가 되고 있는 기부금 악용 사고로 인해 기부 문화가 위축되어 있어 국민들의 기증재산 흐름(프로세스)을 투명하게 하여 청렴한 기부 문화 창출로 국민의 신뢰 속에 경제적 약자를 위한 기부 문화를 활성화하자는 내용이다.

필자의 제안 제목을 클릭해 보면, 국민신문고에서 국민들이 제안의 내용을 이

해하기 쉽도록 이미지를 추가한 카드뉴스 스타일로 잘 만들어 공개하고 있다. 이와 같은 국민 중심의 정보 제공은 국민신문고가 점점 국민 중심으로 발전하고 있음을 알 수 있다. 국민의 한 사람으로 국민신문고에 큰 박수를 보낸다.

제안서를 만들었던 과정을 간략히 소개하며 내용을 공개한다. 아이디어 발굴 배경은 어려운 이웃을 도와달라고 광고한 후 국민들에게 기부금을 받아 올바른 곳에 사용하지 않고 악용하여 사적으로 사용하다 적발된 사건이 연달아 뉴스에서 보도되어 사회적 이슈가 되었고 그로 인해 기부 문화가 위축되었다.

경상북도에서 추진 운영 중인 사랑의 PC 보내기 정책을 살펴보던 중 아이디어 제안거리를 발견하게 되었다.

국민들이 정보 소외 계층의 정보화 생활을 돕기 위해 기증한 사랑의 PC가 얼마나 접수되어, 어디로 보내졌고 누구에게 기부되었는지 공개하지 않고 있음을 발견하여 개선을 제안하였다.

(현황)

(문제점)

누가 사랑의 PC보내기에 참여하였고(기증실적 공개), 누구에게 전달되었는지(기부 실적 공개) 투명한 공개를 제안하였다. 개선방안의 내용을 원본 그대로 공개하면 창의력대통령 기준에 의해 분류한 난이도 A수준의 정책제안임을 알 수 있다.

→ 개선방안 원문
기증 재산의 흐름을 명확히 하여(통계 자료 제시) 투명성 및 공신력 제고 제안

경상북도가 농어촌의 정보격차 해소를 위한 『인터넷새마을운동』과 함께 추진하는 사업인 고향마을 사랑의 PC보내기 운동은 좋은 취지를 가지고 시작된 사업인 만큼 사업 추진에 투명성을 제고하고 사업 타당성을 확보하여 보다 활성화시키기 위해 국민의 기부 재산의 흐름을 명확히 하여 (명확한 통계 자료 제시) 공신력을 제고할 것을 제안한다.

- 기증 통계 자료 공개 : 무상 기증자 통계를 투명하게 실적 공개하여 국민
  들에게 사업 추진의 투명성(정당성) 제고

즉, 분기별(또는 반기별)로 사랑의 PC 기증 현황 통계 자료 공개를 통해 사업 운영의 투명성을 제고해야 함

 * 예시 : 2016년 상반기 기업체 100대, 단체 50대, 개별 기증 10대 / 총 160대 기증

- 기증된 재산(PC)이 어디로 흘러갔는지에 대해 (어디에, 어느 단체에게 기증되었는지에 대해) 투명하게 통계 자료를 밝혀 공신력을 제고하여야 한다.

즉, 160대 기증된 컴퓨터가 노인센터 50대, 청소년센터 100대 현 10대 잔여 보관 중으로 무상기증 및 보급현황 통계자료(분류별)를 홈페이지에 게시하여 사랑의 그린PC 보급사업의 투명성 및 공신력을 제고하면 무상 기증자 및 보급자 현황을 통계적으로 투명하게 알게 되어 사업 추진의 타당성을 확보하여 국민들의 보다 많은 참여를 유도할 수 있습니다.

위 개선방안의 핵심을 요약하여 이해하기 쉽게 국민신문고에서 그림과 텍스트로 표현해주었다.

(개선제안)

기대효과는 문제점과 개선방안의 내용을 참조하여 한 줄은 경상북도의 입장에서, 또 한 줄은 국민의 입장에서 내용을 적으면 가장 효율적인 기대효과가 된다.

(기대효과)

	제목	처리기관명	신청일	추진상황
🔒	기증 재산의 흐름을 명확히 하여 투명- Ⓢ 👤	경상북도	16-07-30	제안채택

채택된 우수제안
찾아보는 법

9장. 채택된 우수제안 찾아보는 법

첫째, 국민신문고 (https://www.epeople.go.kr) 메인화면에서 중간 부분 우측에 최근에 채택된 제안들을 공개하고 있다. (2018년 8월 기준, 국민신문고 시스템이 수시로 변경됨을 참조)

국민신문고에 공개된 "나의 제안이 이렇게 반영되었어요!"에 나오는 제안들은 제안 신청 시 공개 제안을 한 내용들이다. 내용을 클릭해 보면 제안 내용과 제안 접수 처리기관의 답변이 공개되어 있다. 수준이 상당히 높은 제안들도 있지만 거의 생활 속 불만과 민원에 가까운 제안들이 제안으로 채택된 경우가 많다는 것을 알게 된다. 채택된 제안이 무조건 우수 제안으로 선정되어 포상 받는 것은 아니다.

공무원들은 국민들의 불만이 담긴 민원에 참 약하다. 그렇다보니 때로는 국민제안규정에 맞지 않는 내용들이 채택되어 우수 제안으로 공개되기도 한다. 필자는 이러한 제안은 민원성 제안이라고 분류한다. 민원성 제안과 정책성 제안의 사례는 제 2장에서 별도 항목으로 자세히 설명하였으니 참고하기 바란다.

둘째, 국민신문고 우수제안은 제안운영 총괄담당자에 의해 우수사례로 선정되어 게시한 제안 보기

– 찾아보는 법 : 국민신문고 HOME 〉 국민제안 〉 우수제안(2018년 8월 기준 33건 우수제안 공개됨)

번호	제목	처리기관명
33	KST0001 물류용어 오류 수정	산업통상자원부
32	공공의 이익을 위한 공연 예매 해약에 관한 건	공정거래위원회
31	포괄위임신청서 서식 공지 관련 제안	특허청
30	외국인종합안내센터 개선안 🔊	법무부
29	VR(가상현실)을 이용한 안전사회구현.. 🔊	울산광역시 남구
28	우수발명품 우선구매추천제도 기간연장 제안 🔊	특허청

셋째, 국민신문고에 공개된 중앙우수제안 모음 사례 보기

– 찾아보는 법 : HOME 〉 고객센터 〉 신문고소식에서 최근 중앙우수제안 사례를 찾아 볼 수 있다.

10개씩 보기 ▽ | 확인

번호	제목	기관명	등록일	첨부
185	국민이 만든 행복이야기(국민제안 사례집)	국민권익위원회	2015-12-21	📎
184	국민신문고 이슈토론(국민통합과 공공의식) 경품 이벤트 당첨자 발표	국민권익위원회	2015-12-17	
183	정부3.0 국민디자인단 성과공유대회		2015-12-09	
182	2015년도 국민신문고 시스템 이용자 만족도 조사 안내	국민권익위원회	2015-11-23	
181	행복제안 국민평가 경품 당첨자 발표	국민권익위원회	2015-11-19	
180	2015년 생활불편 개선 우수사례 경진대회 현장평가단 공모(기간 연장)		2015-11-02	📎
179	2015년 생활불편 개선 우수사례 경진대회 현장평가단 공모		2015-10-26	📎
178	2014년도 중앙우수제안 사례집		2015-10-06	📎
177	2013년도 중앙우수제안 사례집		2015-10-06	📎
176	2012년도 중앙우수제안 사례집		2015-10-06	📎

2017년 국민신문고 국민제안 정책반영 우수사례에 필자의 제안(최우수제안)도 공개되어 있다.

국민신문고 국민제안 정책반영 우수사례   2018-03-09 13:25:29

· 조회   2242   · 기관명   국민권익위원회

국민신문고를 통해 신청된 국민제안중 각급 기관의 심사후 정책반영된 주요 우수 사례를 소개합니다.

"정부정책에 대한 국민 여러분의 적극적 참여 부탁드립니다"

1. 기증재산의 흐름을 명확히 하여 투명성 및 공신력 제고 제안

2. 무인민원 발급기 개인정보보호 환경 개선

3. 주민등록증 발급절차 개선

4. 초보부모 멘토스쿨 운영

넷째. 지자체 및 교육청 우수 제안 보기

채택된 제안을 원본 그대로 공개하는 지자체도 있으나 대부분의 지자체는 비공개로 하거나 공개를 하더라도 다음과 같이 제안 제목(또는 제안의 핵심 내용)에 한해 공개하고 있다.

> **국민제안규정 제7조(접수 및 처리 상황의 공개 등)** 행정기관의 장은 국민제안을 접수하였을 때에는 온라인 국민참여포털 등 인터넷을 통하여 국민제안의 접수 및 처리 상황을 실시간으로 공개하여야 한다. **다만, 제안자가 요구하는 경우에는 국민제안의 제목과 채택 여부를 제외한 사항은 공개하지 아니할 수 있다.**

하지만, 일부 국민제안자들 중 타인의 제안을 도용 표절하여 이미 채택된 곳이 아닌 다른 곳에 제안을 하는 사례가 빈번하여 국민신문고와 행정안전부에서는 제안 도용 표절을 막기 위해 사전 제안 검색 시스템을 도입하였다. 아이디어 도용 및 표절로 인한 선의의 피해자 발생을 최소화하기 위해 제안 접수 시부터 강력한 경고문을 공지하고 있다.

◎ 응모된 제안서류는 일체 반환하지 않으며, 채택된 제안에 대한 제반 권리는 통계청에 귀속

◎ 1인당 제출건수 제한은 없으나 본인 아이디어가 아닐 경우(표절, 도용 등) 심사 대상에서 제외하며 이로 인해 발생한 일체의 책임은 제출자에게 있음 (포상 이후 발견시 상장 및 포상금은 환수조치)

◎ 중복 접수된 제안의 경우, 먼저 접수된 제안만 인정

경고문 내용 중 일부는 청렴한 제안 활동을 하자는 필자의 제안으로 만들어졌고 그 내용이 곳곳에서 사용되고 있다. 아이디어가 중복 접수된 제안의 경우는 먼저 접수된 제안을 인정함을 기억해야 한다. 즉, 먼저 제안한 사람이 결과에 대해 우선순위를 가진다.

◎ 유사 및 중복 제안은 먼저 제출한 자를 우선적용.
◎ 동일인 다수 응모가능 하거나 동일인의 제안이 다수 선정된 경우에는 최상위 등급 1건에 대해서만 시상 및 부상금 지급
◎ 제출된 제안 및 서류는 반환하지 않으며 제안에 관한 모든 권리는 천안시에 있음.
◎ 제안내용의 표절, 초상권 및 저작권 침해 등 기타 부정한 방법으로 인하여 발생한 문제의 모든 책임은 제출자에 있으며 시상 이후 발견 시 상장 및 시상금은 환수조치.

제안 접수기관 대부분은 동일 제안자의 여러 건의 제안이 동시에 채택 될 경우 가장 점수가 높은 제안 1건만을 인정한다는 것이다. 즉, 1인이 2건 이상의 제안을 제출하여 모두 우수제안으로 선정된다 하더라도 2건 모두 상을 주는 것이 아니라 가장 높은 점수를 받은 1건만 인정한다는 뜻이다. 필자도 이 규제에 적용되어 여러 차례 다수의 제안이 채택되고도 상장(표창장)을 받지 못한 적이 있었다.

하지만, 일부 지자체는 제도제도 활성화 차원에서 1인이 제출한 다수의 제안이 모두 우수제안에 선정되면 각 제안에 대해 시상을 하고 제안 채택 수당을 주는 곳도 있다. 필자 역시 상도 받고 나머지 우수제안은 채택 수당을 받았다.

다섯째, 국민신문고 공모제안 결과 발표에서 우수제안을 볼 수 있다.

공모제안은 진행중 - 공모마감 - 결과발표 3단계로 구분되는데, 결과발표 -
발표를 클릭하면 어떠한 제안들이 우수제안으로 선정되었는지 일부 부처에
서는 제목을 공개하고 있다.

하지만, 최근 추세를 보면 다음과 같이 공모결과만 알려주고 우수 제안으로
선정된 제안의 세부적인 내용은 제목을 일부 공개 또는 비공개로 하는 것이
일반적이라 할 수 있다. 행정안전부 주최 2014년 지방공기업 경영혁신 대국
민 아이디어 공모에서 필자의 제안은 최우수상을 수상하였다.

제안 접수 현황을 공개하고 시상 제안에 대한 추가 설명을 안내하고 있다.

결과
○ 접수건수 : 총 51건(공모제안 50건, 일반제안 이첩 1건)
○ 1차 실무 심사위원회(6.20.) 결과 : 총 10건 상정
○ 2차 본 심사위원회(7.5.) 결과 : 등급 시상 제안 없음
※ 다만, 제안공모의 활성화를 위해 총 5건에 대해 등급 외 시상(노력상) 수여

제안이 채택되었더라도 반드시 상을 받을 수 있는 우수제안이 되는 것은 아니라는 점을 기억해야 한다.

결과
○ (공모 기간) '18.5.1.(화) ~ 18.5.31.(목) / 특허청 홈페이지, 국민신문고 공고
○ (제안접수현황) 총 80건 접수, 30건 채택
○ (우수제안 선정) '창의성' 등 5개 각 심사항목 점수를 합산하여 고득점자 순으로 최우수상 1명, 우수상 1명, 장려상 3명 선정
○ (포상) 5명 선정 포상(최우수상 1명/30만원, 우수상 1명/20만원,장려상 3명/각 10만원)

여섯째, 행정안전부(http://www.mois.go.kr)에서는 해마다 선정된 중앙우수제안을 공개하고 있다.
– 찾아보기 : 홈 〉 업무안내 〉 정부혁신조직실 〉 국민참여정책 〉 국민참여
정책

이상으로 국민신문고 일반제안의 채택제안과 일반제안, 공모제안의 우수제안을 보는 법을 안내하였다.

마지막으로 당부할 것은 제안을 신청할 때 절대로 제목에 모든 제안 내용을 한 눈에 알 수 있도록 하지 말 것을 추천한다. 예를 들어,
『경로당에 노인안전을 위해 심폐소생술 교육 및 제세동기 사용법 크게 부착 제안 』

『아이디 비번 입력란에 한글대신 영어 입력 자동설정하기』
『전통시장 내 내 위치가 어딘지 알도록 아케이드 기둥에 번호 부착 제안』
『유아보호, 응급간호 부스는 행사 부스 색깔을 달리하여 찾기 쉽도록 하자』
『국제행사에 다문화 서포터즈를 운영하여 외국어 통역 문제를 해결하자』
『신호등에 잔여시간 숫자 표시를 하여 얼마나 남았는지 알도록 하자』

무슨 내용인지 제안 활동을 어느 정도 한 제안자라면 누구나 알 수 있는 제목으로 유사한 제안을 만들 수 있고 이로 인해 한 때 전국적으로 유행한 제안들이기도 하다. 하나의 채택 제안이 공개되면 우르르 꼬리에 꼬리를 무는 유사제안이 유행하는 데 그 사례를 이해하기 쉽게 설명하면,

『폐지 노인의 안전을 위해 밤에 잘 보이는 야광조끼를 지급하자』라는 제안이 채택되고 공개되면, 갑자기 다음과 같은 제목의 제안들이 전국적으로 유행하기 시작한다.
『야광 모자를 지급하여 폐지 줍는 노인들이 안전하게 살도록 하자』
『폐지 노인의 야간 안전을 위해 리어카에 경광등 설치 또는 야광 페인트 칠을 해 주자』
『폐지로 생활하는 노인의 야간 안전생활을 위해 야광모자 또는 야광조끼를 지급해 주자』

'밤 안전에는 야광'이라는 제안이 전국적으로 유행하기 시작하니 갑자기 자전거로 유행이 전이되어,
『무료 렌탈 자전거에 야광 표시등을 부착하자』가 유행하기 시작하였고
『아동용 자전거에 야광 라벨을 달자』라는 제안까지 전국적으로 유행하였다.

정부부처, 지자체, 교육청, 공공기관, 기업 등에서 여러분의 창의적 제안을 기다리고 있습니다. 남들과 차별화된 창의력 스펙 만들기에 도전해 보기 바랍니다.

10

효율적인 제안활동을
위한 Tip

10장. 효율적인 제안활동을 위한 Tip

1. 제안활동을 하다 머리가 아플 때

제안 활동을 하다 보면 머리가 아플 때, 스트레스 받을 때가 있다. 이럴 때는 평소 메모해 둔 것을 봐도 아무런 생각도 안 떠오르고 글쓰기가 잘 되지 않는다. 제안은 "현황 및 문제점 – 개선방안 – 기대효과" 3단계 구성에 의해 내가 표현하고자 하는 내용이 자연스럽게 이어져야 하는데 스트레스가 쌓여 있거나 어떤 일로 머리가 아플 때는 글쓰기가 착착 진행되지 않는다. 억지로 만든 제안은 내용이 자연스럽게 이어지지 않는 경우가 많다. 용두사미, 횡설수설하는 제안이 되고 그 결과 불채택 또는 민원 이관될 수 있다. 필자 역시 이럴 때가 있었다.

여러분은 이런 경우 무엇을 할 것인가?

제안을 만들다가 머리가 아프면 절대 억지로 만들지 말기 바란다. 제안 활동에 스트레스가 쌓이면 잠시 쉬어 가는 것을 추천한다. 초보 제안자들이 겪는

'제안 두통'이 있다. 제안만 시작하면 불안감, 심리적 부담감 등으로 위축되어 머리가 아파온다. 초보자들이 반드시 겪는 '제안 스트레스'이다. 애써 만든 제안들이 불채택 되고 민원 이관될 때 받는 스트레스이다. '제안 두통'과 '제안 스트레스'를 잘 극복해야만 한 단계 상승하여 초급자로 올라설 수 있다. 물론 초급제안자들도 '제안 두통'과 '제안 스트레스'가 있다. 하지만, 초보자들과 달리 초급제안자들은 본인이 만든 제안들이 연간 10여 건 정도 채택되기에 '제안채택'으로 인한 기쁨의 카타르시스(정화 작용)가 일어나 '두통'과 '스트레스'가 그다지 심하지 않다.

제안 1건의 채택이 얼마나 기쁨을 주는지는 제안활동을 해 본 사람은 알 것이다. 한 달, 두 달, 석 달 시간이 흐를수록 시간과 노력을 투자하여 만든 나의 제안들이 불채택 문자(메일)만 받을 때는 심한 좌절감으로 심리적으로 위축된다. 그리고 마음속에서 간사하게도 제안활동을 포기하게 만들려는 나쁜 악마가 날개를 펴고 제안활동의 금기 사항인 부정적 마인드를 형성하기 시작한다. 여기에서 악마와의 싸움에 진 사람들은 결국 제안활동을 포기하게 된다. 필자 역시 이런 경우를 체험했다.

필자가 초보제안자였을 때 밤 새워 고민하여 만든 100건의 제안을 신청하였고 97건 불채택 3건 채택되었다.(100전 97패 3승, 승률 3%) 애써 만든 제안이 불채택, 불채택, 불채택…될 때, 공무원들이 갑자기 전화 와서 제안 내용에 대해 이러쿵저러쿵 변명을 늘어놓을 때, 제안이 채택되고 실현까지 되었는데 시간과 노력 투자에 대한 아무런 보상도 못 받았을 때 등 제안 활동에서 두통이 유발되고 스트레스를 받지 않을 수 없었다.

제안활동을 하다 지칠 때는 잠시 쉬면서 본인이 제안 활동을 왜 하는지 다시 생각해 보자. 1석 3조의 효과를 만들기 위해 자신만의 목표를 세워야 한다. 목표 설정은 노력하는 자세와 긍정적 마인드를 만들어 낸다. 머리가 아플 때, 스트레스 받을 때 억지로 만든 제안을 나중에 다시 읽어 보면 불평, 불만이 가득한 민원이 되어 있을 것이다. 제안활동 중에는 절대 부정적 마인드를 갖지 말고 너무 서두르지도 말아야 한다.

초보제안자 - 초급제안자 - 중급제안자 - 고급제안자(제안 전문가)의 4단계이지만, 각자 가진 선천적 능력과 후천적 노력의 차이에서 단계적 상승 속도가 달라질 수 있다. 남들이 세 달 만에 해내었다고 나도 세 달 만에 할 수 있다는 것은 아니다. 선천적 능력의 부족으로 지금은 느리지만 후천적 노력으로 나만의 목표 달성에 점점 가속도가 붙을 수도 있다. **여러분의 마음속에 '부정이 아닌 긍정, 포기가 아닌 도전'이 있을 때 목표를 이룰 수 있음을 기억해야 한다.**

성공(실패)한 사람은 자신이 성공(실패)했던 이야기를 들려줄 뿐이다. 자기 개발은 남이 도와주는 것이 아니라 내가 간절히 필요하다는 인식을 가지고 나 스스로 개발해야 한다.

【창의력대통령 최은석】

2. 제안을 잘 못하는 사람들의 특징

제안을 배워 일 년, 이 년, 삼 년이 지나도 능력이 제자리걸음인 사람들이 있다. 제안활동을 해 보면 그 수가 의외로 많다는 사실에 놀랄 것이다. 그 사람들의 원인이 무엇인지 필자의 시각에서 다음과 같이 분류한다.

1. 고집불통 자기주장이 강함
2. 부정적인 생각을 많이 함
3. 천성적으로 생각을 글로 표현 못함

첫 번째, 고집불통 자기주장이 강한 사람은 제안을 잘 못하는 사람이 되기 쉽다.

제안활동을 함에 있어 초보자는 많은 우수 사례를 학습하며 장점과 단점을 받아들여야 할 시기이다. 그런데, 제안 강의를 해 보면, 자기 고집이 강한 사람이 아주 많다. 아무리 그렇게 하지 말라고 가르쳐도 그렇게 해 버리고는 본인이 얻은 결과에 대해 남을 원망한다.

"난 제안을 제대로 잘 했는데 민원으로 이관시켜요. 아주 나쁜 공무원입니다."
"내 제안을 이해도 못하면서 불채택 해버립니다. 아주 나쁜 공무원입니다."

그 들의 제안을 들여다보면, 모든 제안 내용들이 자기관점에서 만들어져있다. 남의 시각도 고려해야 하는데 모든 것이 자기 위주로 표현되어 있다. 무조건 자기의 생각이 맞다 생각한다. 자신의 생각을 제대로 들어주지 않는 공무원은 나쁜 사람이라 인식한다.

제안은 나 혼자만의 생각이 아니라 우리의 생각이다.
항상 강조하지만 제안을 할 때 가장 중요한 것은 내가 아닌 우리의 관점이다. 그럼에도 자기 고집이 강한 제안 초보자들은 자신의 생각만으로 제안을 만든다. 자기가 느꼈던 불편한 점을 개선하라고 제안한다. 제안을 접수하는 기관의 담당자는 민원 이관 또는 불채택을 한다. 누가 읽어봐도 창의적 제안이라기보다는 생활 민원(불편 개선 건의)으로 인식되기 때문이다.

본인은 제안이라고 생각하지만 민원으로 이관되는 경우가 많다. 제안활동을 하면 할수록 이런 경우가 자주 나타난다. 엄청 스트레스를 받을 수도 있다. 나름 고민하여 밤새 만든 제안들이 민원으로 이관되면 상당히 안타깝고 화가 날 때도 있지만 원인은 아주 간단하다. 하지만 이러한 과정들을 그냥 지나치지 말고 잘 연구하면 의외로 많은 공부가 될 수 있다.

민원 이관된 이유를 알고 싶다면 공무원의 답변을 꾸준히 연구해야 한다. 전문가들은 불채택 또는 민원 이관된 제안의 답변을 통해 현실적 문제점과 관련 법규 등의 공부를 하게 되고 이를 다시 연구 조합하여 창의적인 제안을 다시 만들어 제안하게 된다. 공무원들의 답변 속에서 새로운 제안거리를 발견하기도 하고 다시 공부한 내용을 바탕으로 제안을 수정하여 다시 제안을 하여 채택시킬 수 있을 때 제안전문가가 될 것이다.

초보제안자들이 가장 많이 하는 실수가 바로 『전국민, 전지역』이 혜택을 보는 우리의 관점에서 제안을 해야 함에도 『나, 내 생활』이 중심이 된 제안 내용으로 불채택 또는 민원으로 이관되는 것이다. 제안은 내가 아닌 우리의 관점에서 누구나 느끼는 공통된 문제점을 개선하여 보다 많은 사람들이 혜택을 볼 수 있는 방안을 받아들이는 기관에서 이해하기 쉽게 표현해야 제대로 만들어지는 것이다. 고집불통 자기주장이 강한 초보자들은 위 내용을 충분히 이해하고 본인의 성격을 고쳐야 민원이 아닌 제안을 만들 수 있다.

두 번째, 부정적인 생각을 많이 하는 사람 역시 제안을 잘 못하는 사람이 되기 쉽다.

필자가 강의를 하면서 만나는 사람들은 딱 두 부류이다. 매사에 긍정적으로 생각하는 사람들과 매사에 부정적으로 생각하는 사람들이다.

"긍정은 제안을 낳고 부정은 민원을 낳는다." 필자가 제안 강의 중 가장 많이 하는 말 중 하나이다.

매사에 긍정적인 사람들이 만든 제안은 현황과 문제점을 개선하면 국민 모두가 좋아질 것이라는 내용이다. 매사에 부정적인 사람들이 만든 제안은 현황과 문제점을 아주 기분 나쁘게 표현하며 전부 공무원의 잘못으로 지적하고 개선하지 않으면 담당자가 책임을 물도록 하겠다는 내용이다.

문제 발생에 공무원이 잘못했으니 무조건 개선하라는 부정적인 제안과 달리

누가 보더라도 긍정적인 제안은 공무원들이 미처 생각하지 못한 방안을 제시해줬기에 채택을 하거나 불채택을 하더라도 제안함에 감사하게 생각하고 답변한다.

매사에 부정적인 사람을 제안 강의 중 만난 적이 있다. 이 사람은 아무리 하지 말라고 주의를 줘도 자기 관점에서 강의를 해석해 버린다. 제안 내용을 이렇게 부드럽게 풀어 가라고 설명하면, **"왜 그렇게 해야 하나? 따끔하게 공무원을 지적해야지? 그리해서 공무원들이 제대로 관심을 가지겠느냐?"** 하며 강의 분위기를 다운시키는 경우도 있었다.

"제안을 100개나 했는데 단 한 번도 채택을 안 해 준다."며 자기의 의견을 인정하지 않은 공공기관 자체를 비리 집단으로 매도하기도 한다. 그 사람의 제안은 온통 공무원을 탓하는 부정적인 내용뿐이다.

부정적인 생각이 강한 사람과 함께 공동 제안 시 부정적 내용이 너무 강조되어 좋은 결과를 얻기 불리하다. 필자는 긍정적인 마인드를 가진 사람들과 팀을 이뤄 각자의 단점을 보완하며 제안할 것을 권유하고 싶다.

부정적인 사람도 소 뒷걸음치다 개구리 잡는 격으로 우연히 제안이 채택될 수 있다. 제안을 접수받은 공무원들이 민원에 약해서 속칭 진상 민원인으로 생각되면 귀찮은 일을 예방하고자 제안을 마지못해 채택해 주는 경우도 있다. 그러면 부정적인 마인드가 강한 사람은 이것을 빌미로 다른 곳에 또 집요하게 제안한다. "왜 저기는 해주는데 여기는 안 해주느냐?"고 제안 담당자를 괴롭히기 시작한다. 장사하시는 분들에게 진상 고객이 있듯이 제안 세계에도 진상 제안자들이 어디에든 꼭 있기 마련인데 대부분이 부정적인 생각이 강한 사람들이다.

필자는 혼자서는 도저히 제안 활동을 못하겠다고 하는 초보제안자들에게는 정신 건강과 불필요한 스트레스 방지를 위해 가급적 긍정적인 마인드 소지자와 함께 제안활동을 할 것을 추천한다.

세 번째, 천성적으로 생각을 글로 표현하는 것이 서투른 사람은 운이 좋아 어쩌다 채택될 수는 있으나 지속적인 제안채택을 이뤄내지는 못한다.

천성적으로 생각을 글로 표현 못하는 사람이 너무나 많다. 글짓기를 못하는 사람은 제안을 함에 있어 상대편을 생각하지 않고 장황하게 설명한다. 제안을 읽다 보면 산으로 가다 바다로 빠지기도 하고, 문제점이 개선되어야 하는데 그냥 문제점만 강하게 어필하다 보니 제안의 가장 기본적 구성을 놓쳐버리게 되어 결국 민원 이관 또는 불채택 된다.

국민신문고에서는 '제안서는 보통 현황 및 문제점, 개선방안, 기대효과로 구성됩니다. 특정 제안이 논리적이고 설득력을 갖기 위해서는 이 네 가지 구성요소가 균형 있게 다루어져야 하며, 이중 가장 중요한 것이 개선방안입니다. **심사기준은 실시가능성, 창의성, 효율성과 효과성, 적용범위, 계속성 등이며, 배점기준은 기관에 따라 조금씩 다르게 적용될 수 있습니다.**' 라고 제안서 작성 방법과 심사 기준에 대해 안내하고 있다.

제안은 현황 및 문제점 – 개선방안 – 기대효과로 구성된다. 생활 속에서 뭔가 아이디어가 떠올라 제안으로 옮길 때 반드시 위 구성을 지켜야 한다. 제안 심사자들이 국민들이 제출한 제안을 심사할 때 가장 이해하기 쉬운 제안은 "현재는 이런 상황이고 이것은 어떤 문제가 발생되어 모두가 불편하며 어떻게 해야 지금과 미래의 문제점을 개선할 수 있고, 그 방법에 있어 비용과 인력은 얼마나 들어가고 법률, 제도적 개선과 추가적으로 무엇이 필요하고 이것을 개선 추진했을 때 얼마나 많은 사람들이 어떠한 혜택을 공정하게 볼 수 있고 일시적인 혜택이 아니라 지속적으로 이어질 수 있는지"를 표현한 제안이 최고의 정책 제안이다.

필자의 강의를 들은 제안 초보자들의 가장 큰 애로사항이자 가장 고치기 힘든 부분이 바로 아이디어를 글로 표현하기이다. 글쓰기 능력은 하루아침에 이뤄지는 것이 아니다. 적절한 단어를 구사하고 적재적소에 배치하는 언어적 능력은 선천적으로 타고 난다고 할 수 있다. 선천적 언어 표현 능력을 가진 사람은 제안 비법을 조금만 가르치면 금방 따라할 수 있다.

필자가 수많은 초보제안자들을 가르치면서 알게 된 바 이러한 능력을 가진 사람은 극히 일부였고 대부분이 글쓰기 자체에 부담을 느끼는 사람들이었다. 어느 지역에서 장관표창도 수상한 제안을 참 잘하시는 분이 있었는데, 그분의 최대 애로사항은 바로 아이디어를 글로 표현하기였다. 그만큼 아이디어 발굴보다 더 어려운 것이 글로 표현하기이다. 아무리 좋은 아이디어라도 글로 표현을 잘 못하면 받아들이는 입장에서 이해를 못 하여 민원이관, 불채택되어 실현되지 못하고 사장되어 버린다.

생활 속에서 발굴한 한 줄의 아이디어와 사진 한 장으로 에이포(A4) 한 장 이상의 제안서를 만들어야 하는 일은 생각을 글로 표현하는 능력이 부족한 사람들에게는 너무나 큰 고통으로 다가온다. 그만큼 생각을 글로 표현하는 것이 어렵다. 너무 쉽다면 누구나 작가가 되어 책을 쓸 수 있을 것이다. 그렇지 못한 것을 보면 글쓰기는 어려운 일임에 틀림없다.

글쓰기에 재능이 없는 사람이 제안을 잘하려면 어떻게 해야 할까? 필자는 우선 우수 제안을 50개 정도 구하여 가만히 읽어볼 것을 추천한다. 제안에 담긴 용어와 아이디어를 풀어가는 스타일을 익혀야 한다. 행정안전부에 추천된 중앙우수제안이든 각 지자체 우수제안이든 기본 구성을 계속 읽다보면, 어느 순간 우수 제안 속의 익숙한 단어들이 몸에 배게 된다. "아 ~ 아이디어를 이렇게 글로 풀어 가는구나."를 느낄 때 본인의 아이디어에 우수제안 스타일을 적용하여 제안을 만들어 본다. 다시 다듬고 읽어 보고 문맥상 이상한 느낌의 부분을 고쳐야 한다. 이 과정을 두세 번 반복하면 제안의 기본 구성과 문맥이 갖춰질 것이다.

단, 우수제안 50건을 볼 때 절대 제안을 베낀다고 생각하면 안 된다. 초보자들이 가장 하기 쉬운 실수는 제안 도용, 표절에 대한 욕심을 버리지 못한다는 것이다. 필자가 강의를 하면서 항상 강조하는 내용인데 실상은 제안을 베끼는 경우가 많다. 스스로 만드는 능력이 한계에 부딪히면 남의 제안을 베껴 자기 제안인 것처럼 제출하는 경우가 있는데 최근 제안 도용, 표절 검색 시스템이 강화되어 대부분의 도용, 표절제안은 적발되니 우수제안은 연구는 하되 절대 베껴서 낸다는 생각 자체를 버려야 초보제안자의 벽을 넘어설 수 있다.

필자는 제안 강의 시 우수제안을 많이 보지는 말 것을 권유하기도 한다. 보면 볼수록 제안 도용, 표절하고픈 유혹이 강렬하게 일어날 수 있기 때문이다. 대부분의 초보자들은 그 유혹을 이기지 못하고 제안을 그대로 베끼거나 일부 표절, 도용하여 제안을 제출하기 시작하면서 변질되어 간다.

초보자들은 제안을 할 때 다음 4단계를 꼭 기억하도록 하자.
① 우수제안 사례 50건 100번 읽으며 표현 방법 익히기
② 나의 아이디어를 "현황 및 문제점 – 개선방안 - 기대효과"로 표현하기
③ 나의 제안을 읽어보고 문맥상 미흡한 점을 고치는 것을 3회 정도 반복하기
④ 불필요한 단어와 문구 없애기

이상으로 제안을 못하는 사람들의 특징 세 가지와 비하인드 스토리를 간략하게 짚어 보았다. 난 도저히 혼자서는 제안이 어려우니 누군가 함께 할 제안자나, 멤버들을 모으고자 할 때는 반드시 **고집불통에 자기주장이 강한사람, 부정적인 생각을 많이 하는 사람은 가급적 피하고 '우리'의 관점에서 현실을 보고 경청하며 긍정적인 생각을 많이 하는 사람들과 팀을 이룰 것을 추천한다.**

또한, 아이디어 발굴은 잘하는데 글쓰기를 못하는 사람은 글쓰기를 잘하는 사람을 찾아야 하고 아이디어를 발굴하는 데 어려움이 있는 사람은 아이디어 발굴을 잘하는 사람을 찾아 팀을 이룰 때 가장 좋은 시너지 효과를 창출할 수 있음을 기억해야 한다.

3. 제안활동 관포지교(管鮑之交)

관포지교(管鮑之交), 수어지교(水魚之交), 지음(知音) 모두 같은 의미의 사자성어이다. 창의적 제안 활동의 초보자는 멘토를 잘 만나야 한다. 제안 활동 과정에 누군가 옆에서 응원하며 함께해 줄 친구가 있다면 창의력은 배가 될 수 있다. **제안활동 관포지교(管鮑之交)는 서로가 부족한 부분을 돕는 사이이다.**

제안을 함께할 때 반드시 주의해야 할 점은 2명 이상이 함께 하되 각자 역할을 분명히 정해야 한다는 것이다. 2명 이상이 제안활동을 함께하는데 너무 수준 차이가 나면 쉽게 모임이 깨질 수 있다. 한 사람에게 너무 의존해도 모임은 깨진다. 제안 활동을 함께 하면서 비슷한 수준으로 실력이 늘어나야 지속적인 모임이 이뤄질 수 있다. 한 사람은 제안의 맥락을 조금씩 배워 가며 실력이 늘어나는데 나머지는 그 수준을 따라가지 못하면 한 사람의 역할이 지나치게 커져서 쉽게 지치게 만들고 결국 그 모임은 깨지기 마련이다.

가장 이상적인 제안 활동 조합은 아이디어 발굴 능력과 글로 표현하는 능력의 조합이다. 제안활동 관포지교는 이 두 사람에게서 이뤄질 수 있다. 물론 두 가지 능력을 모두 갖추면 좋겠지만, 제안활동을 하는 수많은 국민제안자 중 극히 일부만 두 가지 능력을 동시에 가지고 있다.

필자는 제안활동을 처음 시작할 때 누군가 가르쳐 주는 멘토가 없었다. 순수하게 맨땅에 헤딩하듯 많은 시행착오를 거치며 지금의 제안 전문가가 되었다. 그렇게 하다 보니 얻게 된 좋은 점은 많은 실패 속에서 다양한 경험과 지식을 쌓게 되었다는 것이다.

밤새 고민하여 만든 제안이 연속적으로 불채택 되고 쓰라린 아픔을 주기 시작한다. 초보자들은 대부분 이 단계에서 포기하게 된다. 하지만 필자는 "왜 내가 만든 제안이 자꾸 불채택 될까?"를 연구하기 시작했다. 결과는 아주 간단했다. 불필요한 내용, 앞뒤가 안 맞는 내용, 잘못된 문구와 단어 사용 등이 불채택의 원인이었다. 전체적인 맥락을 보고 제안을 채택해야 하는데, 제안 심사자들은 전체 내용이 아닌 일부의 내용과 단어 몇 개를 트집 잡아 고뇌한 제안을 불채택 하는 경향이 많다는 것을 알게 되었다.

제안을 하면서 내용이 간결해지고 트집 잡힐 문구나 불필요한 내용은 쓰지 않으려고 노력하는 사이 나만의 제안 스타일이 완성되어 갔다. 제안서를 만들면 만들수록 나만의 독특한 제안 스타일을 만들어 내었고 제안을 한 건 만드는 데 들어가는 시간이 점점 줄어들게 되었다. 생활 속에서, 남들은 스쳐 지나가 버린 흔한 일들 속에서 제안거리를 찾게 되었고 사진 한두 장 찍어두고 주요 제목만 두세줄 그때그때 메모해 적어 두면 언제든지 제안서를 만들 수 있게 되었다.

나 스스로의 제안 활동이 어려운 초보자들은 혼자 하지 말고 함께 제안을 공부하고 공동 제안으로 제안할 것을 추천한다. 국민신문고에서 공동제안은 최대 5명까지 함께 할 수 있다. 주제안자가 각 공동제안자의 제안 공헌도를 정할 수도 있다. 2명이 함께 한다면 똑같이 50%씩 하는 게 가장 좋다.

필자도 스스로 노력하여 전문가 수준 이상이 되었을 때 누군가와 함께 제안 활동을 한 적이 있다. 어느 지역에서 제일 제안을 잘하는 분이었는데, 필자와 전혀 다른 스타일의 제안을 하고 글로 표현하는 법 자체도 너무나 달랐다. 시간이 지날수록 제안 만드는 시간에 차이가 나서 결국 중도에 그만두게 되었다.

필자는 본업에 충실하면서 여유시간을 활용하여 평소 틈틈이 개발한 아이디어 메모나 사진 등의 기록들로 제안을 만든다. 간단한 제안은 20분 정도 걸리고 좀 복잡한 법규 개선 제안은 3시간 정도 걸린다. 평소 꾸준히 아이디어를 발굴 메모해 두고 사진을 찍어 두었기에 나만의 기본 제안 스타일에 맞춰 술술 풀어나간다.

초보제안자들을 대상으로 강의를 하면 초급으로 발전할 수 있는 가능성을 가진 사람을 발견하기가 어렵다는 것을 느낀다. 대부분 우수 제안을 그대로 베끼려한다. 베끼는 능력을 키우다 보니 점점 제안을 못 만들게 되고 남의 제안을 보지 않고서는 제안 자체를 만들 수 없게 된다.

필자가 앞에서도 강조했듯이 제안활동을 혼자하기가 어려운 사람은 주변에서 함께할 가장 믿음이 가는 사람과 팀을 이루는 것을 추천한다. 가장 이상적인 제안 활동 조합은 아이디어 발굴 능력과 글로 표현하는 능력의 조합으로 이가 창의적 제안의 성공적 결과를 만드는 지름길임을 잊지 말아야 한다.

창의력 제안 관포지교를 내 주변에서 찾아보자. 나도 잘 모르는데 나보다 더 모르거나 나보다 조금 잘 아는 사람과 제안활동을 하면 발전이 거의 없다. 아이디어 발굴과 글쓰기 능력 중 내가 못하는 부분이 뭔지 정확하게 알고 그 못하는 부분을 나보다 잘하는 사람과 팀을 이룰 때 시너지 효과가 가장 크게 나타난다.

창의력 관포지교를 찾게 되면 필자는 공동 목표를 가질 것을 추천한다. "제안으로 두 사람 모두 시상대에 당당하게 서서 대통령표창을 받고 상금을 가난한 사람을 위해 기부하고 아이디어를 얻기 위한 여행도 하자."라는 목표를 가질 것을 추천한다. 초보자들은 특화된 제안 스타일이 없어 제안 파트너를 쉽게 찾을 수 있고 초보자일수록 함께 제안하는 것이 효율적이다. 필자는 공동의 목표를 가진 제안자들과 우수제안 포상금 일부를 사회적 약자를 위해 기부하고 있다.

【 창의력대통령 Tip 】

초보제안자 당부사항.

1. 가장 먼저 제안의 기본기부터 배울 것

2. 스스로 제안을 만들어 보고 안 되면 제안 파트너를 찾아 함께할 것

3. 제안 파트너와 서로 부족한 부분을 상부상조할 것

4. 제안 파트너와 공동의 목표를 가질 것 (공동 표창 그리고 공동 기부의 삶)

4. 티끌 모아 태산 그리고

최근 들어 국민들의 국민제안 제도 활성화를 위해 제안 채택 포상 차원에서 채택제안 건당 온누리(또는 도서) 상품권 1~5만 원 또는 10만 원 이상의 상품권 등을 주는 경우가 있다. 제안 참여에 대한 보상이나 정성을 들여 만든 제안에 대해서 감사의 뜻으로 만 원 상품권을 보내주는 곳도 있다.'티끌 모아 태산'이라는 속담이 있듯이 이런 건수도 10건, 20건, 30건이 모이면 경제적으로 큰 도움이 될 수 있다.

열심히 제안 활동을 하여 초보 수준만 넘어도 연간 20건 정도의 제안이 채택되는 초급제안자가 될 수 있다. 그때부터 매월 7~8월, 12~1월에 여기저기서 노력한 제안 활동에 대한 보상이 날아올 것이다.

연간 100건 이상 제안이 채택되는 중급 수준의 제안자가 되면, 대기업 근무자의 월급 이상의 상품권 등이 도착할 것이다. 그때부터 연간 포상금을 월로 환산하면 100만 원 이상의 포상금을 받게 될 것이다. 월 100만 원 이상의 성과면 대학생, 취업준비생들은 아르바이트에 신경 쓰지 않고 공부에만 전념할 수 있어 경제적으로 도움이 되는 금액이다.

티끌(꾸준한 제안 활동) 모아
태산(상품권)은
취업준비생들에게
경제적 도움을 줄 수 있다.

하지만, 초보제안자들에게 필자가 반드시 부탁하고픈 것은 처음부터 절대 돈을 바라보고 제안을 하지는 말라는 것이다. 제안 활동을 열심히 하다 보면 상장(표창장)도 여기저기서 받고 상금(상품)도 덩달아 늘어나는 것이다. 채택되어 받는 상금(상품권 등)에 욕심을 두고 돈을 목표로 해서 제안서를 만들지 말 것을 당부한다. 돈(포상금)을 받기 위해 만든 제안들은 내용 자체에 어두운 그림자가 드리워진다. 그러한 제안은 만들면 만들수록 제안자를 역시 부정적으로 변하게 한다.

돈에 눈이 멀면 초심을 잃고 오로지 제안 채택에만 매달리게 된다. 제안활동의 순수성을 잃게 되면 결국 인생에 득(得)보다 실(失)이 더 많음을 알게 된다.

국민제안자 중 일부이지만 상금에 눈이 어두워 남의 제안을 도용 표절까지

하는 경우가 있다. 필자는 순수성을 잃은 타락한 제안자가 되는 것을 조심하라고 당부하고 싶다.

지속적으로 기부 활동을 하면 결국 부메랑이 되어 여러분들에게 더 좋은 일로 되돌아 옴을 분명 알게 될 것이다. 필자가 모두 경험한 일들이기에 굳게 믿고 실천해 보라.

"제안활동으로 받은 기념품 중 가장 기억에 남는 것은 무엇인가요?"

문화(온누리)상품권, 백화점상품권 등을 받기도 하지만, 제안 채택 지역 특산품을 받을 때이다.
(ex : 멸치, 쌀, 시래기, 동백꽃 추출 화장품 등)

필자가 예전에 제안했던 내용으로 문화(온누리)상품권, 백화점상품권을 우수 제안자에게 제공하면 지역에서 거둔 세금이 지역 밖에서 사용되게 된다. 하지만, 지역 특산품을 제공하면 지역 경제를 살리는 데 기여할 수가 있기에 흐뭇하다.

11

할 수 있는 일 하고픈 일

11장. 할 수 있는 일 하고픈 일

"창의력으로 국민제안 외 무슨 일을 할 수 있나요?"

필자의 강의를 듣던 대학생들이 가끔 이런 질문을 던진다.

창의력으로 국민신문고 국민제안만 할 수 있는 것은 아니다. 필자는 창의력으로 다양한 시도를 해 보았다. 문제점을 볼 줄 알고 해결책을 내놓는 능력을 키우다 보니 여러 분야에서 나름 성과를 거두었다. 여러분들도 꾸준히 국민제안을 열심히 만들다 보면 자신만의 글쓰기 능력이 생긴다. 창의력으로 할 수 있는 일과 하고픈 일을 나눠 간략히 설명해 보겠다.

첫째. 창의력으로 할 수 있는 일

1. 창의력으로 만든 뮤지컬 강연으로 콘테스트 대상 !!

중앙선거관리위원회(선거연수원)에서 국민들의 선거 참여 촉진을 위해 강연 콘테스트를 개최하였다. 필자는 지금까지 강연자 중심의 강연 스타일을 과감하게 탈피하여 마술, 성악 그리고 율동을 포함한 뮤지컬 형태의 강연을 시도하였다. 그 결과 영예의 대상을 수상하였고 MBC 특집다큐멘터리에 출연하였다. (2014년, 상금 700만 원)

2. 국민신문고 외 다양한 기관의 아이디어 공모 참여 0000만원

창의적인 시각은 역지사지의 입장이 가장 중요하다. 장애인을 위한 많은 정책이 개발 운영되고 있지만, 주변을 둘러보면 대부분 장애인 중심의 시각이 아닌 비장애인의 위주로 되어 있고 장애인 배려 정책은 생각보다 많지 않다. 장애인들의 선거 참여에 필요한 문제점을 창의적 관점에서 발견하여 그 해결책을 제안하였고 그 결과 영예의 대상을 수상하였다. (상금 200만원)

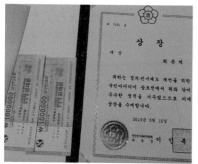

국민신문고 국민제안을 할 수 없는 공공기관, 기업체 등에 다양한 제안을 하여 우수제안으로 많은 상품(권)을 받았는데 기억되는 상품은 ㈜롯데칠성음료에 정책제안을 하고 받았던 자사 제품의 음료수 박스였다. 2018년 여름은 너무나 폭염이 심해 비장애인보다 더 힘든 시기를 보내는 장애인들에게 조금이라도 도움되도록 장애인복지센터에 기증하고 나머지는 노숙인들에게 기부하였다. 넉넉히 챙겨 준 ㈜롯데칠성음료에 감사함을 전하며 여러분들도 제안활동의 결과물로 기부를 하면 기쁨이 두 배가 될 것이다.

3. 창의력 제안활동은 문학 활동으로 이어져 0000만원

제안서를 수백 장, 수천 장 쓰다 보면 글쓰기 능력이 자연스럽게 늘어나고 제안을 위해 매일매일 틈나는 대로 공부하다 보면 다양한 분야의 지식이 쌓이게 되어 문학 활동에도 많은 도움을 줄 수 있다. 남들이 미처 생각하지 못하는 관점에서 상상력을 발휘한 창의적 글쓰기가 가능해진다. 창의력을 바탕으로 쓴 동화는 행정안전부장관상, 기행문은 통일부장관상, 수필은 서울특별시장상, 교육감상, 웹툰은 조달청장상, 수기는 국토정보공사(LX) 사장상, 한화이글스 사장상 등 각 기관으로부터 100장이 넘는 상장과 상당 금액의 부상금을 받을 수 있었다.

부상금으로 필자는 경제적 도움이 필요한 곳에 키다리아저씨가 되어 기부도 하고 취업스펙이 필요한 곳으로 무료 강의도 다니면서 다음 아이디어 제안거리 발굴 여행도 할 수 있었다.

4. 취업 전 차별화된 스펙 만들기, 취업 후 조직발전을 위한 창의적 업무 수행 능력을 자연스럽게 만들어 준다.

현대 조직에서 필요한 능력은 창의력이다. 창의적 인재는 조직의 문제점을 발굴하여 혁신적인 아이디어로 개선할 수 있는 능력을 가지고 있다. 국민제안활동은 창의적 인재가 위해 위한 출발점이 될 수 있다. 남들이 미처 보지 못하는 문제점을 발굴하여 창의적인 해법을 제시할 수 있고 그것을 보고서 형태로 만들어 낼 수 있는 능력을 키우게 되는 것이 바로 국민신문고를 통한 국민제안활동이다. 여러분들이 만든 수백, 수천 장의 국민제안서를 통해 창의적 보고서를 만들 기초를 닦게 될 것이다.

둘째. 창의력으로 하고픈 일

1. 창의력 자기 개발 전문 코치[coach] 겸 멘토

"대한민국 창의력 자기계발 전문 코치는 몇 명이나 있을까?"

코치[coach]는 개인 생활이나 직장, 그리고 여러 분야에서 현재의 어려움을 스스로 깨닫고 그것을 극복해 나가는 방법을 찾는 과정을 도와주는 사람이다. 결국 코치는 문제점에 대한 해결방안을 도와주는 사람이라 할 수 있다. 국민제안활동을 통해서 배운 모든 것들이 바로 창의력 자기 계발 코치가 되기 위한 준비과정이다.

필자는 스스로 창의력 자기계발 코치 1호라고 자부하고 싶다. '~가 ~했다'는 남의 이야기를 중심으로 자기 계발을 말하는 이론 중심 코치가 아니라, '내가 직접 해 봤기에 이런 것을 안다.'의 실전 중심 코치이다.

『자존감 높이고 대접받는 취업스펙』을 집필하기 위해 창의력을 가르치는 여러 곳을 탐문했고 관련 책도 사 보았다. 창의력 인재를 교육하는 곳에도 가보았다. 교육을 하는 강사들이 본인 자신은 그 교육을 위해 그동안 무엇을 하였는가에 집중하여 보니 속칭 '~ 카더라'를 가지고 자기계발로 확대(확장)하여 교육하고 있었다. 즉, 나의 이야기가 아닌 유명인의 이야기, 남의 이야기를 가지고 자기계발을 가르치고 있었다. 강사 본인은 해 보지도 않았고 앞으로도 하지 않을 것인데 수강생들에게는 반드시 하라고 가르치고 있었다. 화려한 언변으로 유혹하며 자신도 지금까지 하지 못했던 일들을, 앞으로도 하지 않을 것이며 못할 일들을 가르치고 있었다.

필자는 대한민국 창의력 자기계발 교육의 현실을 알고 스스로 개척하기로 하였다. '내가 직접 해 본 이야기만 남에게 하고 실패하지 않는 방법을 전해 주자.'는 신념으로 내가 먼저 부딪치고 깨지고 넘어지면서 실패를 배웠다. 그 실패를 공부하고 또 도전하였다. 창의력으로 무엇을 할 수 있고 무엇을 해야 하는지도 직접 부딪치며 배웠다.

대한민국 창의력 자기 계발 코치 1호는 그렇게 탄생되었다. 이제는 창의력 자기 계발 코치 2호, 3호, 4호를 만들려고 한다. 머릿속에 담고 가슴에 새긴 창의력 개발 과정을 공유하고자 한다. 나보다 더 뛰어난 창의력 자기 계발 코치가 계속 탄생되도록 아낌없이 전해주려 한다.

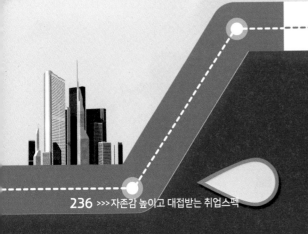

2. 경제적 약자를 위한 경제적 기부와 재능기부

이 책을 읽고 원하는 곳에 취업하거나 조직발전에 기여하여 승진한 이들과 '창의력 키다리아저씨'란 모임을 만들어 경제적 기부와 재능기부를 계속 이어가고 싶다. 변화하는 시대에 맞는 창의력 자기 계발 트레이닝 프로그램을 개발하여 가난한 환경때문에 꿈을 포기하는 젊은 청춘들이 없도록 창의력 무료 강의를 계속 하고 싶다. 아낌없이 주는 나무가 되어 가난한 대학생, 취업 준비생들에게 희망의 그늘과 따뜻한 차한 잔의 여유를 제공하고 싶다.

12

국민생각함

12장. 국민생각함

1. 국민생각함 활용 국민제안 우수상 50만 원

국민신문고(https://www.epeople.go.kr)와 비슷한 기능을 하는 국민생각함(https://idea.epeople.go.kr)이 있다.

국민생각함 홈페이지(https://idea.epeople.go.kr)에서 찾아볼 수 있는 내용은 가급적 지면 관계상 최대한 생략하고 필요한 부분만 언급하기로 한다.

2017년 제 2회 국민생각함 활용 우수사례 공모전에서 필자의 제안이 우수상을 받았다. (상금 50만 원) 수상한 제안 내용은 대한민국 운전자라면 누구나 가는 곳인 고속도로 휴게소에서 발굴한 문제점 개선방안이다.

수백만 명 이상이 매일 다녀가는 휴게소에는 이용객 편의를 위해 볼거리 먹을거리가 많이 있다. 고속도로 휴게소는 장애인 및 임산부 역시 이용하고 있다. 필자 역시 고속도로 휴게소를 이용하다 먼지를 뒤집어쓴 채 방치된 설비를 발견하였다.

누군가의 제안으로 많은 예산을 투입하여 만들게 된 휴게소 내 장애인용품 및 임산부용품이 제대로 관리되지 못하여 먼지를 뒤집어쓴 채 방치되고 있다는 사실을 알고 "국민의 혈세가 투입되었는데 왜 관리가 제대로 안 되는 것일까?"에 대해 진지하게 고민해 보았다. **과거와 현재만 아닌 미래까지도 고민해서 제안을 해야 이런 사례가 생기지 않는다.**

"사용 실적은 제대로 관리하는 것일까?"

"사용은 제대로 되기나 하는 것일까?"

예산은 하늘에서 뚝 떨어지는 돈이 아니라 국민의 혈세(血稅)이다. 국민에게 편의를 주고자 국민의 혈세로 만든 장애인용품과 임산부용품이 오히려 국민에게 큰 불편을 야기하고 있다는 사실에 대해 어찌 생각하는가? 여러분이 고속도로 이용 중 위와 같은 문제점을 발견했다고 가정하고 개선방안을 함께 고민해 보자.

① 언제 청소했는지도 모를 장애인 이동 편의 용품들

② 분명히 국민의 세금으로 만든 시설 물품인데 만들어 설치한 후 관리를 제대로 하지 않는 이유는 무엇일까?

③ 역지사지(易地思之), 장애인의 입장에서 먼지가 쌓인 편의기구들을 사용하고 싶을까?

위와 같은 문제점을 어떻게 제안 스타일로 표현할까를 마인드맵으로 그려 보자. 이제 여러분의 생각과 필자가 생각하는 문제점, 창의력대통령의 생각이 비슷한지 확인해 보며 무엇을 어떻게 풀어서 표현할지에 집중해 본다.

현황 및 문제점

고속도로 장애인 이동 보조기구(휠체어, 목발 등)를 모니터링하여 장애인 편의 시스템을 점검해 보았습니다. 장애인 이동 편의를 위해 도로공사에서 목발, 휠체어 등 이동 보조기구를 비치하여 편의 제공 서비스를 도입하고 있으나, 보여주기 위한 전시행정을 펼치고 제대로 관리하지 않아 있으나 마나한 장애인 편의 서비스가 되고 있습니다.

다음 사진과 같이 깨끗하지 않은 환경 속에 설비된 부스 안에 장애인 이동 편의를 위한
보조기구인 휠체어, 목발이 준비되어 있습니다.

그런데 목발이 높낮이 조절이 불가능하고(나사로 조임 고정되어 나사를 풀고 다시
높이를 맞춰야 함) 언제 청소했는지도 모를 정도로 깨끗하지 않은 환경 속에 있는
휠체어와 목발에 장애인들은 상처를 받습니다. 또한 함께 비치된 유모차 역시 관리가
제대로 되지 않아 사용할 수 없는 경우가 많았습니다.

지금까지 머릿속에서 한 장의 제안서를 만드는 마인드맵 훈련을 해 왔기에
문제점을 보면 충분히 개선방안을 만들 수 있을 것이라 믿는다. 여러분이 그
린 마인드맵 개선 방안과 필자의 개선 방안을 비교해보자.

개선제안

★고속도로 휴게소에 설치된 모든 장애인 이동 편의 보조기구에 대한 모니터링을
실시하여 방치된 휠체어, 목발 등의 상태를 점검하고 보조기구는 물론 내부 및 외부를
청소함과 동시에, 정기 모니터링 제도 도입 및 1일 점검부 기록 관리를 제안함
☞ 청소 및 상태를 체크한 1일 점검 기록부 비치 및 관리자 실명제 도입
★목발은 높낮이가 조절 가능한 것으로 비치해야 하며, 나사로 조임 고정된 현재의 것을
사용하기 위해서 나사 드라이버 추가 비치 또는 민원실에 도움을 요청하여 높낮이를
조절할 수 있도록 안내해야 함.

참고로 생활 속에서 아이디어 제안거리를 발견하여 제안서를 만드는 것은 가장 쉬운 국민제안서 만드는 법 4가지 중 하나로 필자는 주로 이 방법으로 가장 많은 상을 받았다.

국민생각함 활용 우수사례 공모전 우수상을 수상한 필자의 제안을 국민생각함에서 카드 뉴스 스타일로 잘 만들어 기념 책자로 제공해 주었다. 이런 서비스는 타 기관에서도 벤치마킹하여 적극 시행할 필요가 있는 국민 중심의 배려 서비스이다. 지금까지 받은 우수 사례집 중 가장 깔끔한 양장 스타일의 책자로 수상자의 사기진작과 자긍심 고취에도 도움되었다. 카드 뉴스 스타일로 제안의 핵심을 콕 집어내어 이해도를 높여 준 국민생각함의 배려 서비스에 지면으로 감사드리고 싶다.

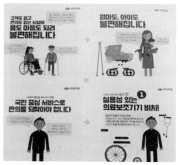

이 책에서는 독자들의 이해도를 높이기 위해 제안 원본 내용 그대로를 가급적 가공하지 않고 참고 사례로 공개하고 있다. 그 이유는 있는 그대로를 보고 느껴야만 생생한 전달이 이뤄지고 제안서를 만들 때 도움이 되기 때문이다.

국민생각함을 이용할 때 주의해야 할 점은 내가 한 제안 내용이 공개될 수 있는 것이다. 제안이 공개되면 누군가가 댓글을 달게 된다. 댓글 중에는 도움되는 글도 있지만 관련 지식 부족으로 동문서답(東問西答) 댓글, 부정적인 댓글이 달리는 경우도 있다. 제안자에게 상처를 주는 개념 없는 악성 댓글은 금지되어야 한다.

▲KTV 국민방송 생방송 대한민국 1부 출연 모습(2018. 3.22) 방치된 생활 속 불편함 개선을 인터뷰함

2. 국민생각함 활용 공모 제안 수상 실전 사례

국민생각함에서도 국민을 대상으로 한 다양한 아이디어 공모를 하고 있다. 국민신문고와 다른 점은 공공기관에서 공모제안을 할 수 있다는 것과 궁금증에 대해 댓글을 달고 피드백을 받을 수 있다는 점이다. 필자도 국민신문고와 별개로 국민생각함 공모제안에 관심을 가지고 참여를 하며 사례를 연구하고 있다.

필자의 국민생각함 공모제안 채택 사례를 한 건 더 공개한다. 한국시설안전공단에서 시행한 혁신 국민 아이디어 공모전의 응모 프로세스를 설명하면 다음과 같다.

필자는 대국민 서비스 및 조직 운영 혁신 부문에 응모하였고 제안서를 만드는 핵심 과정을 요약하면,

① 먼저, 한국시설안전공단의 업무가 무엇인지? 홈페이지 및 자료를 통해 연구한다.

② 한국시설안전공단 주요임무 현황을 읽어 본다.

③ 시설안전공단에 대한 전문적 지식이 없는 국민 제안자이기에 부담 없이 참여할 수 있는 (1) 고유 업무의 공공성 제고 (2) 대국민 서비스 및 조직 운영 혁신과 (7) 국민의 참여 협력 확대에 대해 아이디어를 연구한다.

④ 홈페이지를 검색하며 연구하다 발견한 아이디어는 시설안전공단의 정보들이 너무 어렵고 개선 전후의 정보가 취약하여 국민들의 정보습득의 이해도를 저하시키고 있다는 것이다.

필자는 위 과정을 통해 도출된 문제점과 개선방안으로 주최 측으로부터 제공된 제안서에 작성한다. 여러분들은 필자가 어떤 식으로 아이디어를 설명하면서 접수자를 이해시키는 지 체크해 보자.

필자가 발굴한 아이디어의 핵심은

KISTEC 혁신 아이디어 제출양식 3page 이내

과제명	모든 정보는 전후 자료를 함께 제공하여 대국민 이해도 제고 정보 서비스 구현 및 정보의 공공성 확대	이메일	
		연락처	
		성명	최은석

과제분야 (택일, 중복가능)	① 고유 업무의 공공성 제고 ② 대국민 서비스 및 조직 운영 혁신

주요 내용 (요약)	■ 공단의 모든 정보는 국민들에게 이해도 증대로 올바른 정보 습득 전파가 이뤄져야 정보의 공공성 확대가 구현되기에 결함사례를 개선 전/후 사진으로 명확하게 자료 제공 필요 ○ 현재 공단 홈페이지에서 제공 중인 결함 사례의 전/후 사진을 함께 제공하는 정보 서비스로 대국민 이해도 제고 및 정보의 공공성 확대

필자가 발굴한 문제점을 보고 개선방안을 고민해 보자.

추진배경 (현황 및 문제점)	■ 공단 홈페이지의 정밀안전 진단 결함 사례의 정보 부족으로 대국민 이해도 저하 개선 필요(개선전만 있고 개선 후는 없음) ○ 시설물별 주요결함 및 손상사례의 개선 후 사진이 없어 시설물 점검·진단 시 중점조사 항목(부위)으로 활용에 이해도 저하 및 애로 발생

· 부재명 : 철근부재결함   · 부재명 : 철근부재결함   · 부재명 : 철근부재결함   · 부재명 : 철근부재결함
· 세부항목 : 철근부재 결함   · 세부항목 : 철근부재 결함   · 세부항목 : 철근부재 결함   · 세부항목 : 철근부재 결함
· 결함사례 : 지붕 접합부   · 결함사례 : 보 접합부 부식   · 결함사례 : 데크 플레이   · 결함사례 : 내부 마스트

☞ 결함 개선후가 없는 개선전 사진만으로는 정밀안전진단 활용에 이해도 저하

☞ 제안은 적절한 용어 사용이 중요하고 심사자의 이해를 돕기 위해 최대한 받는 쪽의 입장에서 가장 쉽게 이해되도록 작성하는 것이 포인트이다. 이제 여러분이라면 어떤 개선 방안을 제시할 것인지 위 내용을 보고 핵심을 메모하며 마인드맵으로 제안서를 만들자. 필자가 만든 개선방안과 비슷한 비슷한 지 비교해 본다.

기대효과는 문제점과 개선방안을 참조하여 만드는 것이 가장 쉽다고 강조했다. 초보(초급) 제안자들이 이를 어렵다고 생각하는 이유는 문제점과 개선방안을 제대로 못 만들었기 때문이다.

추진내용	■ 공단 홈페이지의 모든 정보의 이해도 제고와 정보 공유의 확대로 공공성 증가를 위해 모든 자료에 개선 전/후 사진을 함께 제공할 필요가 있음 ○ 결함 사례를 예로 들면, 　현재 개선 전 결함 사진만 나타나 있어 어떻게 개선되었는지 정보 습득 이해도가 저하되고 있기에 다음과 같이 결함 사례 개선 전/ 개선 후를 함께 정보 제공해야 함 　☞ 결함 사례만이 아닌 공단에서 제공하는 모든 정보에 해당함	
	부재명　　　　철골부재결함 세부항목　　　철골부재 결함 결함사례　　　지붕 접합부 볼트 체결불량	결함 개선 전과 개선 후를 명확하게 비교할 수 있어 시설물 점검 진단 시 무엇을 어떻게 해야하는 지 이해도 증가
	결함 개선 전	결함 개선 후
		결함이 개선 조치된 사진 첨부
	☞ 이해도가 증가해야 정보를 제대로 습득하고 제대로 전파되어 결국 보다 많은 사람들이 알게 되어 정보의 공공성 확대가 이뤄집니다.	

필자가 만든 기대효과를 여러분의 생각과 비교해 보자.

성과 및 기대효과	■ 공단 홈페이지 모든 자료의 개선 전/후 사진의 제공으로 정보 습득 편의 증진 및 이해도 제고로 정보의 공공성 확대 가능 ○ 보다 많은 사람들이 이해할 수 있어 정보의 공공성 확대 ○ 시설물 점검·진단 시 중점조사항목(부위)으로 활용의 이해도 제고

한국시설안전공단에서는 다음과 같이 심사결과를 발표하였다. 우수제안 선정 : 20만 원, 대국민 이해도 제고 정보서비스 구현 및 정보의 공공성 확대 (최*석 님)

 참여의견을 이렇게 정리했습니다!

KISTEC 혁신 국민 아이디어 제안 공모전을 통하여 최종 5개의 우수제안을 아래와 같이 선정하였습니다. 좋은 의견을 주셔서 감사드립니다.

1. 대국민 이해도 제고 정보 서비스 구현 및 정보의 공공성 확대(최*석 님)
2. 국민 참여활동 체계적 운영을 위한 프로세스 개선(박*희 님)
3. 영세업체 대상 실적확인서발급 수수료 면제(박*숙 님)
4. 한여름 밤의 작은 음악회 개최(배*윤 님)
5. 사후관리 시민참여 점검단(안*수 님)

창의적 제안서의 가장 기본은 아이디어 발굴과 글쓰기 표현 능력을 바탕으로 내가 아닌 우리의 입장에서 내가 아닌 심사자가 이해하기 쉽게 제안서를 만들고 문제점을 제대로 짚어 그 문제를 반드시 개선할 필요가 있다는 것을 담은 내용이다. 이해가 어렵다면 다시 한번 처음부터 마인드맵으로 제안서를 그려 보기 바란다.

"문제점 발굴과 창의적 해결 방안을 제시하는
창의력 스펙은 취업할 때만 대접(도움)받는 것이
아니라 취업 후에도 원하는 미래를 만들어 가는 데
도움 될 것이다."

– 자존감 높이고 대접받는 취업스펙 저자 최은석 –

13

청출어람청어람 나만의
제안 스타일 개발

13장. 청출어람청어람 나의 제안 스타일 개발

이 장에서는 대학생(취업준비생)들이 제안서를 좀 더 편하게 만들 수 있도록 각기 다른 주제로 최근 채택된 필자의 우수제안을 공개한다. (난이도 D부터 난이도 B까지)

7건의 채택제안을 30번 이상 읽어 보면 보면 생활 속에서 아이디어를 발굴 하여 어떤 식으로 행정기관 심사자들에게 글쓰기로 표현하였는지 알 수 있을 것이다.

문제점과 개선방안에 적합한 제안 제목을 어떻게 정하는지? 발굴된 아이디어 에 따른 문제점을 어떻게 표현하는지? 그리고 창의적으로 개선방안을 표현하 여 제안 심사자들이 채택하도록 설명하는지에 대해 집중해서 배워 보자. 또 한, 국민신문고 제안달인의 제안 스타일을 자연스럽게 익히고 나서 여러분 자 신에게 가장 적합한 제안스타일을 만들어 볼 것을 추천한다.

7건의 채택제안을 30번 천천히 내용을 음미하며 읽고 나면 머릿속에 자연스럽게 마인드맵으로 제안서를 그릴 수 있는 능력이 생길 것이다.

① 장애인 스포츠 경기 개최 안내 시 관람 에티켓 홍보 제안

현황 및 문제점

아산을 중심으로 충남 곳곳에서 개최되는 제 11회 전국장애학생체육대회와 관련한 정보를 모아 놓은 사이트는 다음과 같다. http://2017juniorp.chungnam.go.kr/

그런데 안전 매뉴얼, 종합안내서, 홍보 리플렛 그 어디에도 장애인 경기 관람 시 반드시 필요한 장애인 경기 관람 필수 에티켓에 대한 설명이 나타나 있지 않다.

장애학생들은 비장애인들과 달리 경기에 몰입해야 제대로 된 경기가 이뤄질 수 있는데 장애학생 경기 종목 중 시각장애인이 선수인 5인제 축구, 골볼, 보치아는 물론이고 음향적 지원을 받아야 경기가 진행되는 시각장애인 육상, 시각장애인 높이뛰기 등에는 경기장 소음이 절대적 방해 요인이 되고 있음을 간과하며 전혀 안내가 이뤄지지 않고 있어 자칫하면 전국장애학생 체육대회가 장애학생들의 경기 몰입을 방해하고 그 가족에게 상처를 줄 수 있기에 개선이 필요하다.

개선제안

충남도에서는 제 11회 전국장애학생체육대회에 참여한 장애학생 선수 및 코치진들이 경기에 몰입할 수 있도록 **장애학생 경기 종목별 반드시 필요한 관람 에티켓을 온/오프라인을 통해 신속하게 전파하여 장애학생들과 코치진들이 그동안 쌓은 최적의 기량을 발휘할 수 있도록 하고**

가장 성공적인 전국 장애학생 체육대회가 되도록 할 것을 제안한다.

 - 장애학생 경기 관람 에티켓은 경기 안내 사이트는 물론 홍보 리플렛, 매뉴얼 등에도 삽입
 - 장애학생 경기 관람 에티켓 예시(제안자가 만든 내용을 내부 검토 후 가장 최적의 내용으로 반영)

〈장애학생 체육대회 관람 에티켓 10계명 예시〉

☞ **충남도청에서 내부 검토 후 최적의 내용으로 반영**

1. 시각장애인이 참여하는 경기 종목 관람 시 경기가 끝날 때까지 최대한 정숙해 주시기 바랍니다.
2. 휴대폰은 무음으로 하여 벨소리, 진동음이 나지 않도록 해 주세요.
3. 관람 중 옆자리 사람과 대화는 가급적 지양해 주시기 바랍니다.

4. 정신지체, 시각 등의 장애인선수들은 경기 중 고도로 긴장을 하기 때문에 큰 음악소리나 고함 등의 필요 없는 소리를 내면 경기에 방해가 됩니다.

5. 경기장 통로에서 장애학생 및 장애인을 만나면 통행을 우선적으로 양보해 주시기 바랍니다.

6. 장애학생 및 장애인을 도와주고 싶을 때는 반드시 장애학생(인)에게 도움이 필요한지 먼저 의사를 물어보시고 도와주시기 바랍니다.

7. 시각장애인 안내에서 과다한 접촉은 피해야 하고, 손을 잡고 반 보 앞에서 리드를 해야 합니다.

8. 휠체어를 탄 장애인을 대할 때는 항상 눈높이를 맞춰 자세를 낮춰서 대하여 주시기 바랍니다.

9. 장애학생 및 장애인이 경기장 내(주변) 식당을 이용 시 휠체어 사용 또는 몸이 자유롭지 않기 때문에 항상 일반 공간보다 1.5배 넓은 곳으로 안내해 주시기 바랍니다.

10. 장애학생들은 최선을 다해 경기에 임하였기에 결과에 관계없이 따뜻한 시선으로 응원해 주시기 바랍니다.

*** 장애학생 경기 중 관람 시 특히 유의해야 할 경기 종목은 다음과 같습니다. ***

☞ 장애학생 경기대회 관람 에티켓을 설명함과 동시에 일부 종목은 국민들의 이해도를 돕기 위해 다음과 같이 그림으로 에티켓 설명을 추가하면 더욱 효과적으로 정보를 전달 (습득)하게 할 수 있다.

시각 장애인 참여 5인제 축구 & 골볼

(경기 방식)

선수들은 아이패치와 안대를 가리고 경기에 참여하기에 공 안의 방울소리를 듣고 움직이는 경기입니다. 경기 방식 세부 설명은 생략........

(에티켓)

소음이 발생되면 경기에 지장을 줄 수 있으니 소음이 발생되지 않도록 휴대폰은 무음으로 설정하기, 마음속으로 크게 응원하여 주세요.

보치아

(경기 방식)

목표가 되는 표적구에 공을 굴리거나 던져서 최대한 가까이 붙이는 쪽이 이기는 경기..이하 생략

(에티켓)

고도의 집중이 필요한 종목으로 경기에 지장을 줄 수 있으니 소음 이 발생되지 않도록 휴대폰은 무음으로 설정하기, 마음속으로 크게 응원하여 주세요.

기대효과

국민들 모두가 장애인 경기 관람 에티켓을 제대로 알도록 하여 선수와 코치진들에게는 최적의 경기 몰입도 환경을 조성하여 장애학생들이 노력한 결과가 나오도록 해 주어 사기진작과 경기에 대한 흥미도를 제고할 수 있세 되고 관람 국민들에게는 장애학생체육대회 경기 관람 에티켓에 대한 올바른 정보 습득의 편의 및 종목별 경 기의 이해도 제고에 기여할 수 있게 되어 만족 높은 경기 관람으로 지속적인 장애학생체육대회에 대한 관심과 관람(응원) 문화를 창출하게 되어 모두가 Win-Win 하는 장애학생 체육대회로 자리 잡을 것이다.

제목	처리기관명	신청일	추진상황
🔒 장애인 스포츠 경기 개최 안내 시 관.. ❸	충청남도	17-05-13	제안추진

② 국민에게 불필요한 오해를 일으키는 행자부 카드 뉴스 이미지 사용 개선 제안

현황 및 문제점

선거 주무부처인 행자부에서 제 19대 대통령 선거와 관련한 카드뉴스를 보면 국민에게 불쾌한 상상을 하게 만드는 이미지가 사용되고 있어 즉시 개선이 필요하다.(한번 제3자의 입장에서 보시기 바랍니다.)

거소투표 안내

거동이 불편해서 투표소에 가기 어려운 유권자는 거소투표 신고를 하고 자신이 머무는 자택이나 병원 등에서 투표할 수 있습니다.
- 거소투표 신고는 4.11. ~ 4.15.
- 거소투표는 투표용지 수령시 ~ 5.9. 오후 8시까지 관할 구·시·군 선관위에 투표용지를 도착해야 합니다.

이미지를 보면,
거동이 불편한 장애인들에게는
너무나 투표함 투입구가 높아서 투표하기 어려워
남감해하는 것처럼 보이며

투표함이 현실과 다르게 너무 크게 나와 있고

거동이 불편한 사람은 투표를 포기하라는
뉘앙스가 풍기는 듯
투표용지가 바닥에 나뒹굴고 있다.

신고없이 바로 할 수 있는 편리한 사전투표!

5. 4. ~ 5. 5.
오전 6시부터 오후 6시까지
전국 읍·면·동에 설치된 사전투표소에서

비현실적으로
사람 키보다 훨씬 큰 투표함에
키가 작아 투표할 수 없는 유권자들이
투표가 어렵다고 아우성치면서
투표를 포기하듯 투표용지를 버리고 가는
이미지가 연상되지 않으신가요?

비현실적으로 큰 투표함에
키 작은 유권자들은 투표할 수 없어
투표용지를 투표함 땅바닥에 버리고 가는듯한
분위기를 연출하고 있다는 생각이 들지 않으신가요?

바다에서 하는 투표!

선상투표는 5. 1 - 5. 4 중
선장이 정한 일시에
선박에 설치된 투표소에서

마도로스는 반드시 수염 기르고 담배를 핀다는
잘못된 일반화의 오류를 국민에게 세뇌시킨다고
생각하지 않으신가요?

대한민국 마도로스 중 과연 얼마나 수염 기르고
곰방대 담배를 피운다고 생각하시나요?

개선제안

행자부에서는 선거 주무 중앙부처로 장관까지 나서서 정치적 중립과 공명선거를 연일 보도하고 있는 즈음에 카드 뉴스 내용을 보면 행자부의 정책과는 달리 비현실적으로 키가 큰 투표함 이미지를 사용하여 거동이 불편한 장애인들의 선거 참여가 어렵다는 것을 일부러 보여주고 있고,

투표용지는 투표함에 넣는 것이 당연함에도 일부러 투표함 바로 앞바닥에 버려진 것처럼 이미지를 사용하여 투표를 포기하게 만들려는 듯한 부정적 뉘앙스를 연상시키고 있고,

마도로스는"반드시 수염 기르고 담배 피우는 사람이다."라는 잘못된 이미지를 전달하고 있는 부정적 이미지로

국민들의 뇌리 속에 투표 참여가 어렵다는 것을 연상시킴을 즉시 시정하여 현실에 맞게 투표함 크기를 유권자보다 작게 맞추고 장애인을 포함한 모든 유권자들이 소중한 한 표를 버리지 않도록 하여 투표 참여율을 높이도록 전사적 노력을 기울일 것을 제안한다.

또한, 마도로스는 수염 기르고 담배 피운다는 잘못된 일반화 오류는 국민들에게 불필요한 선입견을 심어주어 선의의 피해를 발생시킬 수 있음을 인지하고 단 한 장의 이미지 사용에도 행자부의 입장이 아닌 국민의 입장에서 다시한 번 생각해 보는 시간을 가질 것을 제안한다.

기대효과
비현실적 이미지, 장애인 차별 등을 연상시키는 부정적 이미지 사용으로 투표율을 떨어뜨리는 것이 아니라, 단 한 표의 소중한 민의라도 더 참여시켜 투표율을 제고하고 차별 없고 오해 없는 이미지를 사용하여 투표하고자 하는 모든 민심을 반영한 대선 투표의 결과로 국민이 뽑은 대통령이 선출되는데 기여하게 된다.

제목	처리기관명	신청일	추진상황
🔒 국민에게 불필요한 오해를 일으키는 행..	행정안전부	17-04-26	제안추진

〈창의력대통령 아이디어 발굴 Tip〉

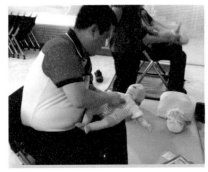

필자는 심폐소생술 교육에 직접 참여한 후 문제점 발굴, 개선 제안하여 소방분야 우수 제안으로 선정되어 포상 받았다. 이처럼 모든 아이디어 제안거리는 책상에서 답이 나오지 않는다. 가장 멋진 제안서는 생활 속에서 직접 체험하는 과정에서 현실적 문제점을 발굴 후 실현 가능한 해결방안을 고뇌하여 만든 제안서이다.

③ 모두가 행복한 동물원 관람 에티켓 교육 전파 제안

현황 및 문제점

최근 대전동물원에서 퓨마가 우리를 탈출하여 결국 사살된 사건이 전국민에게 큰 충격과 함께 많은 시사점을 남겨 주었습니다. 인간을 위해 동물원에 갇혀 지내는 동물들의 삶 역시 존중되어야 할 동물 생명 보호 시대를 맞이하여 대전교육청에서는 대전동물원 퓨마 사살사고를 계기로 인간과 동물 모두에게 도움이 되는 동물원 관람 에티켓 교육이 필요합니다.

개선제안

교육청에서는 초중고생들이 동물원 관람 시 우리에 갇힌 동물들의 삶 역시 존중되어야 할 생명으로 인식하도록 동물 보호 의식을 제고할 수 있고 모두가 행복 한 동물원 관람 에티켓 교육 전파를 제안합니다.

– 대전교육청에서는 가정통신문 및 온라인 공지사항 안내를 통해 동물원 관람 에티켓을 교육 전파 (출처 : 과천서울대공원 동물원 에티켓 + 안전사고 예방 안내)

1. 사람이 먹는 음식이나 동물이 먹는 풀도 주지마세요.

   → 동물마다 정해진 식단이 있어요.

2. 자는 동물을 깨우지 않게 조용히 관람하세요.

   → 크게 소리를 지르거나 유리창을 두드리면 놀라요.

   → 어린 동물일수록 예민하고 스트레스에 상처받을 수 있으니 더욱 조심해야 해요.

3. 동물 우리에 가까이 가면 물리거나 다칠 수 있어요.

   → 울타리를 올라가거나 넘어가면 큰 사고가 날수 있어요.

4. 동물에게 돌이나 쓰레기를 던지지 마세요.

   → 동물이 상처를 입거나 이물질을 먹고 아파해요.

5. 사진을 찍을 때는 플래시는 꺼주세요.

   → 빛이 반사되어 동물들이 놀라고 스트레스를 받아요.

6. 눈으로 관람해 주세요.

   → 만지거나 먹이 주기 체험은 정해진 동물만 가능해요.

7. 혼자 있는 동물을 보고 슬퍼하지 마세요.

   → 혼자 생활하는 동물도 있어요.

8. 사육사 노트와 설명판을 먼저 읽고 관람하세요.

  → 동물에 대해 많이 배울 수 있어요.

9. 관람 시간을 꼭 지켜주세요.

  → 동물들도 건강을 지키기 위해 휴식 시간이 필요해요.

10. 동물을 사랑하는 어른들의 모습을 보여주세요.

  → 우리 아이들에게 좋은 교육이 될 거예요.

11. 동물에게 물리거나 긁혔을 때는 119에 신고하고 흐르는 물로 상처 부

  위를 씻어 이물질을 제거한 후, 다친 부위를 깨끗한 천으로 감싸 2차

  감염을 막아주세요. 119 응급처치 후 병원에서 치료를 받아야 합니다.

기대효과

동물과 인간이 함께 공존하는 시대에 동물 보호의식과 안전사고 예방을 위한 관람 에티켓 전파 및, 인간의 욕망에 의해 원하지 않은 갇힌 삶을 살게 된 동물원 동물들의 삶을 존중하는 인식 전환 가능

제목	처리기관명	신청일	추진상황
🔒 모두가 행복한 동물원 관람 에티켓 교..	대전광역시교..	18-09-21	제안실현

④ 업무 협약의 추진 실적 공개로 서울시교육청 정책의 종합청렴도 제고 제안

현황 및 문제점

서울시교육청에서 유관기관과 업무 협약을 통해 상호 발전을 도모하고 서울

교육행정의 가치 제고를 위해 체결한 업무 협약의 정보가 홈페이지에 다음과 같이 나타난다. (2018년 9월 23일 현재 197건)

업무협약(MOU)_ **업무협약 체결현황**

| | ~ | | - 카테고리 선택 - ▼ | 업무협약명 ▼ | | | 검색 |

· 전체 : 197건, 10/20

번호	체결일자	체결분야	업무협약명	체결기관	담당부서	비 고
107	2016-12-27	기타	안전하고 청렴한 수련활동을 위한 교류협력협약서	한국청소년수련시설협회	체육건강과	각급 학교에서 실시하는 안전하고 청렴한 소규모테마형교육여행을 위하여 협력
106	2016-12-26	기타	폭력과 학대의 근절, 예방과 치유를 위한 맞춤형 예방체계 강화를 위한 협약	(사)한국폭력학대예방협회	학생생활교육과	

업무협약의 세부 내용을 보면 다음과 같이 협약 이후 실적이 전혀 나타나지 않는다. 예를 들어 서울시교육청과 청소년수련시설협회가 MOU 이후 무엇을 했는지 국민들이 알게 해야 하는데 현재 모든 업무협약들이 MOU 했다는 사실만 알리고 있어 서울교육행정의 청렴도는 저하되고 있다.

업무협약(MOU)_ **업무협약 체결현황**

업무협약명	안전하고 청렴한 수련활동을 위한 교류협력협약서		
담당부서	체육건강과	체결분야	기타
체결일	2016-12-27	체결기관	한국청소년수련시설협회
비 고	각급 학교에서 실시하는 안전하고 청렴한 소규모테마형교육여행을 위하여 협력	조 회	285
주요내용	각급 학교에서 실시하는 안전하고 청렴한 소규모테마형교육여행을 위하여 협력		

국민들은 서울시교육청이 상호발전을 위해 한 197건의 MOU들이 현실적으로 어떻게 추진되고 있으며 그 성과를 투명하게 알게 해야 서울시교육청에 대한 신뢰도가 제고됨을 간과하고 있다.

개선제안

서울시교육청에서는 국민의 알 권리를 보장하고 국민들에게 서울시교육청과 유관기관이 체결한 MOU가 보여주기 위한 업무 협약이 아닌 실질적인 정책 추진으로 어떻게 성과를 내며 추진 중인지를 제대로 알게 하기 위해 연 2회 이상의 주요 실적을 공개할 것을 제안한다.

개선 전 예시

업무협약(MOU)_ 업무협약 체결현황

업무 협약명	안전하고 청렴한 수련활동을 위한 교류협력협약서		
담당부서	체육건강과	체결분야	기타
체결일	2016-12-27	체결기관	한국청소년수련시설협회
비 고	각급 학교에서 실시하는 안전하고 청렴한 소규모테마형교육여행을 위하여 협력	조 회	285
주요내용	각급 학교에서 실시하는 안전하고 청렴한 소규모테마형교육여행을 위하여 협력		

"추진실적 없음(공개하지 않음)"

개선 후 예시

업무협약(MOU) 업무협약 체결현황

업무협약명	안전하고 청렴한 수련활동을 위한 교류협력협약서		
담당부서	체육건강과	체결분야	기타
체결일	2016-12-27	체결기관	한국청소년수련시설협회
비 고	각급 학교에서 실시하는 안전하고 청렴한 소규모테마형교육여행을 위하여 협력	조 회	285
주요내용	각급 학교에서 실시하는 안전하고 청렴한 소규모테마형교육여행을 위하여 협력		

[추진실적]

> 연 1건 이상 업무 협약 이후의 추진 실적 공개
> (증빙 사진 있을 경우 더욱 신뢰도 제고됨)

체결했던 업무협약의 추진 실적 공개라는 작은 변화가 서울시교육청에 대한 큰 신뢰도를 이끌어 내고 지속적인 MOU 추진 정책에도 국민적 지원과 관심을 얻게 하여 종합청렴도 평가에 기여할 수 있다.

기대효과

서울시교육청에서 유관기관과 체결한 수많은 업무협약의 추진 성과를 국민들에게 투명하게 공개해 줌으로 인해 국민의 알 권리를 보장하고 MOU의 현실적 유효 타당성을 확보할 수 있다.

또한, 보여주기 위한 MOU가 아닌 실질적으로 도움이 되고 현실적으로 이뤄지고 있는 MOU를 증명하여 서울시교육청에 대한 대국민 공신력 제고로 서울교육행정의 청렴도 평가의 긍정적 출발점이 될 수 있다.

제목	처리기관명	신청일	추진상황
🔒 업무 협약의 추진 실적 공개로 서울시..	서울특별시교..	18-09-23	제안추진

⑤ 차별 없는 제대로 된 정보 안내로 국민 불편 최소화 및 상생 발전 제안

현황 및 문제점

서귀포시 관광객정보 안내를 보면 다음과 같다.

서귀포로 오는 관광객은 전부 비행기를 타고 오는 것처럼 되어 있다. 하지만 배를 타고 오는 관광객들도 상당수 있다는 것을 간과하고 있다.

비행기 중심의 차별적 입도 교통수단 이미지는 한쪽으로 치우친 잘못된 정보이다. 또한, 서귀포청사 찾아오기 안내 역시 비행기를 타고 온 국민 중심으로 안내되어 있다.

> **교통정보**
> - **공항 리무진버스**
>   제주국제공항에서 공항리무진버스(상영교통 600번)가 매 15분 간격으로 운행되며, 1시간 20여분 정도가 소요됩니다.
>   - 서귀포시내(뉴경남관광호텔)에서 하차, 택시를 이용 중앙로터리(일호광장)인근에 있는 서귀포시청 (제1청사)로 오시면 됩니다.
> - **택시**
>   공항에서 서귀포시청(제1청사)까지 택시를 이용하면 시간은 한 시간정도 소요됩니다.
> - **버스**
>   - **시외버스** : 제주시 시외버스터미널에서 평화로(서부관광도로) 또는 제1횡단도로(5.16도로)를 운행하는 버스를 이용
>   - 서귀포시 중앙로터리(제주시에서 약 1시간 소요)에서 하차 하면 인근에 서귀포시청(제1청사) 위치
> - **주 소** : [63584] 제주특별자치도 서귀포시 중앙로 105 (서홍동)
> - **전 화** : 제주안내 콜센터 (064) 120

– 부산, 목포, 인천 등에서 배를 타고 오는 국민(관광객)들은 소외시킨 차별적 정보제공은 국민들에게 서귀포시정에 대한 불신을 야기함을 간과하고 있다.(비행기 고객만 관광객이고 배 고객은 관광객이 아닌가?)

개선방안
현재 제주도로 관광객이 입도하기 위해서는 비행기와 배를 이용하고 있는 현실을 반영하여 비행기 이미지만 나타낼 게 아니라 배 이미지도 함께 나타내어 국민관광객들에게 비행기 또는 배를 이용하여 제주도를 관광할 수 있음을 명확하게 안내할 것을 제안한다.

– 한쪽으로 치우친 교통수단 안내를 연상시키는 이미지는 타 교통수단(배)을 이용하여 서귀포를 찾는 국민관광객에게 부정적 차별 이미지를 발생시킴을 간과해서는 안 된다.

또한, 찾아오는 길 안내에 있어 비행기 공항 중심의 안내만 할 것이 아니라 제주항에서 찾아오는 방법도 함께 안내하여 배를 타고 온 국민(관광객)들이 소외되지 않도록 국민이 알아야 할 정보들을 차별 없이 제공되도록 할 것을 제안한다. – 청사 찾아오는 길 안내 개선

기대효과
서귀포를 방문하기 위해 반드시 비행기만 이용할 수 있는 것이 아니라 배를 타고도 방문할 수 있음을 알려 국민관광객들이 가장 편리한 교통수단을 선택 이용할 수 있도록 하고 서귀포 시청을 방문할 시에도 비행기만이 아닌 배를

타고 온 방문객들에게도 제대로 된 차별 없는 안내를 하여 올바른 정보에 대한 국민의 알 권리 충족 및 치우침 없는 교통수단의 균형적 입도를 유도하여 상생 발전에 기여함.

	제목	처리기관명	신청일	추진상황
🔒	차별 없는 제대로 된 정보 안내로 국..	제주특별자치..	17-03-24	제안추진

⑥ 2016년 2차 충남교육정책 제안 공개모집 응모서

공개모집 주제 제한

지정주제 1. 사전 예방 중심 교권보호 방안

지정주제 2. 폐교 재산의 효율적 활용 방안

※ 주제를 벗어나는 제안의 경우 접수치 않으며 심사 및 포상 대상에서도 제외됨

제안제목	학부모들이 들려주는 교권 보호(존중) 이야기 공모 및 공유

▸개 요

→ 나의 엄마 아빠가 들려주는 선생님 이야기 공모 및 공유를 통해

→ 학생들에게 교권의 중요성과 스승에 대한 의미를 인지시켜 교권을

　보호하고자 함

현황 및 문제점

→ 현재의 학생들은 교권 존중과 교권 보호에 점점 관심이 멀어지고 있다.

→ 학생들의 선생님 존중 마인드 형성을 위해 학부모들의 역할이 매우 중요한데 학부모들의 적극적 관심과 역할이 부족하여 학생들의 잘못된 인성교육이 이뤄지고 있다.

개선방안

→ 나의 엄마, 아빠가 들려주는 참된 스승과의 추억 이야기를 공모하여 (나의 부모들이 학창시절 생각했던 교권 존중 문화 속 참된 스승 이야기를 발굴)

→ 학생들에게 학부모 세대들이 가졌던 스승에 대한 존중 마인드의 긍정적 측면을 공유하게 하여 올바른 교권 존중과 교권 보호에 대한 학생들의 인성교육에 기여하게 함

기대효과

→ 나의 엄마, 아빠가 들려주는 학창시절 이야기는 그 어떤 이야기보다 전파력이 강하여 학생들에게 교권 존중(보호) 의지를 싹트게 할 것이며

→ 스승의 존재가 아버지, 엄마를 이어 나에게로 그리고 또 다시 나의 자식에게로 이어짐을 깨닫게 하여 지속적인 교권 보호(존중) 문화 창출에 기여할 것이다.

학부모들이 들려주는 교권 보호(존중).. Ⓐ   충청남도교육청   16-10-13   제안실현

〈충남교육청의 심사결과와 답변 일부 공개〉

귀하께서 제출하신 2016년 2차 충남교육정책 공

개모집 제안에 대하여 다음과 같이 심사 결과를

회신합니다.

"학부모를 통한 공모 제안내용이 참신하며 부모

로부터 스승이야기는 전파력이 강하고, 학생들에

게 교권 존중 및 교권보호 문화 창출에 기여할 것

으로보임"으로 심사되었습니다.

이에 귀하의 제안을 채택하며, "장려상" 등급을 부여합니다. 제안 공모전에 참여해주

셔서 감사드리며, 귀하의 앞날에 일익 번창함을 기원합니다.

⑦ 남해군과 해남군 자매결연도시를 통한 상호 Win-Win 제안

현황 및 문제점

남해군은 강화군, 금천구, 김해시, 동대문구, 부산진구, 함평군과 자매결연도시를

맺고 있다. 상호 발전을 도모하기 위해 맺은 자매결연도시의 현실적 기여도는 무엇

인지 나타나 있지 않다. 단순히 협약하고 몇 번 교류하고 끝내는 것이 아닌 현실성

있는 상호 우호 발전을 위한 자매결연도시 협약 및 시너지효과 창출을 위해 개선

책이 필요하다.

개선제안

→ 전라남도 해남은 남해를 거꾸로 하면 생각나는 지자체로

→ 경상도와 전라도를 이어가는 교류의 의미도 강하고

→ 해남군과 남해군은 상호 우수정책의 벤치마킹 가능하고

→ 같은 남해안 시대를 이끌어간다는 공통점도 있는 해양 지자체입니다.

남해군에서는 전남 해남군과 자매결연도시를 추진하여 지금까지의 자매결연 도시와 다른 현실적 교류를 할 것을 제안합니다.

– 단순히 자매결연만 하지 말고 부녀회 학생회 노인회 청년회상인회 공무원모임
   등 상호 방문 연 1회 추진으로 상호지역경제 활성화에 기여해 주고

 – 추진 성과를 모든 국민이 알 수 있도록 사진 등으로 투명하게 공개하고

 – 지역 관광 활성화를 위해 상호 관광 방문 홍보 적극 추진

ex) 남해군과 해남군의 관광 홈페이지 사이트 및 주요 관광지가장 잘 보이는 곳에

"다음 관광지는 자매결연도시 해남으로 떠나세요."

"다음 관광지는 자매결연도시 남해로 떠나세요."

상호 홍보를 하여 남해를 찾아 온 국민관광객들의 다음 여행지로 전라남도 해남을 추천해 주고, 해남을 찾아 온 국민관광객들에게 다음 여행지로 경남 남해를 상호 추천해 준다면 남해와 해남은 서로 시너지 효과를 창출할 수 있습니다.

기대효과

보여주기 위한 자매결연도시가 아닌 현실적으로 상호 홍보, 상호 지역경제 활성화에 크게 도움이 되는 정책 추진으로 자매결연도시 정책 추진의 만족도를 극대화할 수 있고 현실성 있는 상호 우호 발전 및 시너지 효과를 창출하는 자매결연도시 협약의 귀범 사례가 되어 남해군정에 대한 대국민 공신력 제고에 기여할 수 있습니다.

〈남해군청의 심사결과와 답변 일부 공개〉

제목	처리기관명	신청일	추진상황
🔒 남해군과 해남군 자매결연도시를 통한 ..	경상남도 남..	18-09-24	제안추진

자매결연이란 도시간의 문화교류나 친선을 목적으로 상호간에 문화를 제휴하고, 그 이해를 깊게 하기 위해 친선관계를 맺는 것을 말합니다. 선생님께서도 말씀하셨듯이 우리 군은 전남 함평군, 경남 김해시, 서울 동대문구, 인천시 강화군, 서울 금천구, 부산 부산진구와 국내자매결연도시로 되어 있습니다.

해남군은 출산율 전국 1위 도시로 6년째 전국 으뜸을 유지하고 있습니다. 따라서 해마다 많은 인구감소를 겪고 있는 우리 남해군으로서는 본받을 만한 정책들이 많은 것으로 알고 있습니다. 때마침 우리 군에서도 출산율 정책과 관련하여 해남군에 벤치마킹도 계획하고 있습니다. 선생님의 말씀대로 자매결연을 맺어 상호 우호 및 문화교류를 통한 시너지 효과를 창출한다면 우리 군에 많은 도움이 되리라 생각됩니다. 따라서, 향후 해남군과의 자매결연을 추진토록 노력하겠습니다. 선생님 의견 감사합니다.

실시예정 시기 : 2019년 07월

난이도 D부터 난이도 B 수준의 필자의 채택제안 7건을 원본 그대로 공개하였다. 이외에도 『자존감 높이고 대접받는 취업스펙』에서 공개된 모든 제안들을 30번 이상 읽으며 제안 스타일을 눈과 입으로 익히면서 자신만의 제안 스타일을 꼭 개발할 것을 추천한다. 자신만의 제안 스타일이 개발되면 한 달간 각기 다른 주제로 제안 100건 하기를 반드시 해 보자. 한 번으로 안 되면 두 번, 세 번 해 보자. 어느 순간 상 받고 돈 벌면서 자존감이 높아진 대접받는 대학생, 취업준비생이 되어 있을 것이다.

"돈이 없고 시간이 부족하여 취업스펙을 못 만드는
가슴 아픈 대학생, 취업 준비생들에게 창의력 스펙은
목표를 향한 사다리가 되어 줄 것이다."

14

독자를 위한 제안거리 공개 및 실제 제안해보기

14장. 독자를 위한 제안거리 공개 및 실제 제안해 보기

『자존감 높이고 대접받는 취업스펙』을 읽어 주신 독자들을 위해 감사의 뜻으로 제안거리를 제공하니 이 책에서 배운 대로 제안서를 만들어 꼭 제안해 보기 바란다. (난이도 D부터 B까지)

창의력대통령이 제공하는 사진과 한두 줄 메모를 보고 A4 1page 내외의 제안서를 만들어 보자. ① 내가 아닌 우리의 입장에서 ② 특정인이 아닌 모두를 위해 ③ 부정이 아닌 긍정적인 내용으로 ④ 중단기가 아닌 단기간에 할 수 있는 일을 ⑤ 공무원이 할 수 있는 현실적인 개선방안으로 ⑥ 많은 예산(인력) 투입이 없는 제안을 해야 함을 잊지 말기 바란다.

1. 길바닥, 도로바닥에 덕지덕지 도시 미관을 흐리는 각종 맨홀 뚜껑을 어떻게 하면 좋을까? (난이도 B)

2. 피부질환자, 각질 환자 등과 같이 쓰는 한의원 및 정형 외과의 치료실 위생 상태는 어떻게 해야 좋을까? (난이도 C)

3. 대형 할인점의 가격표 및 원산지 표시에 비해 전통장터에서는 가격표, 원산지 표시를 골판지에 적어서 표시하고 있어 발생되는 시각적 불편함을 어떻게 해야 좋을까? (난이도 D)

4. 혼인서약과 성혼선언문은 변화된 시대에 맞는 것일까?

최근 주례 없는 결혼식도 점점 늘어나고 있는데, 변화된 결혼 문화에 맞는 방안은 무엇일까? (난이도 B)

5. 전통시장 활성화를 위해 사용 중인 온누리상품권이 전통시장을 살리고 있는 것일까? 온누리상품권 사용 외 전통시장 활성화 방안은 없는 걸까? (난이도 C 또는 B)

6. 고객의 소리함에 넣은 고객의 소리는 제대로 전달되고 있을까? 고객의 소리함에 공개된 개인정보 노출 문제는 없을까? (특히, 직원과 관련한 민원 내용)

7. 무조건 길바닥에 표시하는 것이 좋은 방법인가?

시간이 지날수록 미관상 보기 흉해지고 계속 비용이 들어감을 간과하고 있기

에 개선이 필요하다.

독자들을 위해 필자가 제공한 제안으로 채택되어 포상을 받게 되면 포상금의

50%는 어려운 이웃돕기를 위해 꼭 기부하기 바란다.

15

『자존감 높이고 대접받
는 취업스펙』을 마치며

15장.『자존감 높이고 대접받는 취업스펙』을 마치며

독자 여러분께 먼저 감사드립니다.

이 책이 여러분의 미래에 조금이라도 도움이 되었으면 합니다.

2013년 12월 국민신문고 국민제안으로 대통령상을 받고 창의력 무료 특강을 다니다가 현재 청년들의 아픔을 알게 된 후 2014년부터 대학생, 취업준비생을 위한 창의력 자기계발서를 만들기 위해 국민신문고 국민제안을 본격적으로 연구하기 시작하였습니다.

국민신문고 국민제안으로 최단시간 포인트 점수 10만 점을 달성하면 실패와 성공의 노하우를 담은 자기계발서 한 권을 출간하여 대학생, 취업준비생 등의 취업스펙 만들기에 작은 도움이 되려는 목표를 세우고 본격적으로 제안활동을 시작하였습니다.

2014년 1월부터 현재 2018년 8월까지 국민제안으로 수백 장의 표창장, 상장, 감사장을 수상하였고 부상금으로 받은 금액도 보통 직장인 연봉을 훨씬 뛰어넘는 금액을 받아 소녀 가장을 비롯한 사회적 약자를 위해 경제적 기부도 하였습니다. 또한 창의력을 필요로 하는 곳으로 무료 강의도 다니고 여러 가지 정책세안 아이디어 개발관련한 답사비로 투자하면서 국민신문고, 국민생각함 외 제안할 수 있는 모든 곳을 통해서 계속 제안 활동과 국민신문고 국민제안을 연구하고 있습니다.

독자 여러분!

『대접받는 취업스펙』은 이 땅의 대학생, 취업준비생들에게 남들과 다른 취업 스펙을 만들어 취업 이력에 도움이 되고자 만든 국민신문고를 활용한 창의력 자기계발서입니다. 또한, 비용을 투자하기만 하는 취업 스펙 만들기가 아닌 돈을 벌면서 만드는 취업 스펙 만들기입니다. 시중에 나온 자기 계발서는 돈을 벌면서 자기 계발을 하는 방법을 안내하지 않습니다.

『대접받는 취업스펙』은 창의력으로 돈을 벌면서 남들과 다른 스펙을 만들어 결국 취업에 도움되고 취업 후에도 도움될 수 있는 노하우가 담긴 자기계발서입니다.

이 책은 역사상 유명했던 인물들의 이야기가 아닙니다. 남이 경험한 제3자의 이야기도 아닙니다. 여러분과 같은 평범한 대한민국 사람이었던 필자가 직접 부딪치며 배운 빛과 소금 같은 인생 이야기입니다.

대학생과 취업준비생을 위해 만들기 시작했던『자존감 높이고 대접받는 취업스펙』이 전국 곳곳으로 강의를 다니면서 활용도가 확장되어 전업주부들과 명퇴(은퇴)자들의 창의적 부업에도 활용되기도 하였습니다. 어떤 전업주부들은 제안활동으로 월 100만 원 이상을 벌고 있습니다. 좋은 정책 아이디어를 발굴하여 표창도 받고 상금도 받고 전업주부들의 가치를 제고시키고 있기에 필자는 뿌듯하고 행복합니다.

필자는 처음부터 돈을 벌겠다고 쓴 책이 아니기에 이 책으로 돈을 벌고 싶은 생각은 없습니다. 이 책의 인세 수입은 가난으로 인해 꿈을 포기하지 않도록 고학생(苦學生) 기부와 '자존감 높이고 대접받는 취업스펙 만들기' 무료 강의에 쓰도록 하겠습니다.

독자 여러분!
잘 모르는 것을 묻는 것은 부끄러운 일이 아닙니다.
모르는데 그냥 넘어 가는 것은 미래를 정체하게 만드는 일입니다. 모르는 것은 묻고 들어야 합니다. 그리고 장단점을 파악하여 본인에게 부족한 부분을 채워야 합니다. 필자의 메일은 knr7786@hanmail.net 입니다. 언제든지 궁금한 사항이 있으시면 연락 주십시오. 본연의 업무가 있어 즉시 답변은 어렵더라도 확인하면 시간 나는 대로 궁금증에 답장해 드릴 예정입니다.

현실에 맞는 좋은 정책제안을 만들기 위해서는 아이디어 개발을 위해 많은 곳을 다녀야 합니다. 책을 읽고 이론만 연구해서 찾은 아이디어와 해결방안은 현실적인 개선책을 만들 수 없습니다. 여러분의 생활 속에서 생활하면서 정책제안 아이디어를 발굴하기 바랍니다. 처음에는 온라인을 중심으로 난이도 D 수준 중심의 제안활동을 하며 배워 나가면서 생활 속에서 발굴한 아이디어로 제안하는 난이도 C 수준의 제안을 해 보시기 바랍니다.

어느 정도 제안 활동에 익숙해지면 반드시' 한 달 동안 각기 다른 주제로 100건 제안 만들어 제안하기'를 실천해 보시기 바랍니다. 그 과정을 통해 본인의 제안활동에 가장 적합한 스타일을 찾기 바랍니다. 노하우가 생기면 그때부터는 난이도 B 수준 이상의 제안을 해 보기 바랍니다.

예산문제, 법적인 문제, 인력문제, 타 기관과의 협업 등이 포함된 가장 어려운 제안인 난이도 A는 여러분이 당당하게 취업한 후 직장에서 담당 업무의 지식을 차곡차곡 쌓은 후 도전해 보시기 바랍니다. 절대 서두르면 아니 한 만 못합니다. 물론 선천적 능력이 탁월하신 분들은 앞서갈 수 있습니다. 하지만 천천히 단계별로 제안 활동을 업그레이드 시키는 것이 가장 효율적입니다.

『자존감 높이고 대접받는 취업스펙』을 읽어 주신 모든 독자 분들에게 지면을 통해 감사드립니다.

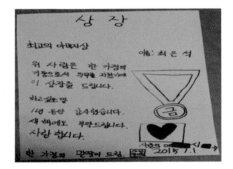

국민신문고 국민제안으로
2014년 12월 14일
영예의 정부시상(대통령상)을 수상하고
2015년 1월 1일
축하하는 초등학생 딸(자윤)에게
받은 최고의 아버지상입니다.

필자에게는
대통령상 받았을 때보다
더 기쁘고 행복했습니다.

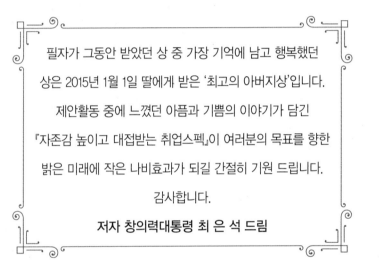

필자가 그동안 받았던 상 중 가장 기억에 남고 행복했던

상은 2015년 1월 1일 딸에게 받은 '최고의 아버지상'입니다.

제안활동 중에 느꼈던 아픔과 기쁨의 이야기가 담긴

『자존감 높이고 대접받는 취업스펙』이 여러분의 목표를 향한

밝은 미래에 작은 나비효과가 되길 간절히 기원 드립니다.

감사합니다.

저자 창의력대통령 최 은 석 드림

(제안활동에 반드시 필요한 규정 찾아보기)

법규(규정), 지침 등은 지면 관계상 부득이하게 전문을 생각하였지만, 책에
서는 국민제안 활동에서 반드시 필요한 규정 등의 핵심은 발췌 언급하였다.
국민제안규정, 국민제안규정시행규칙 외 관련 규정과 지침 등이 필요할 경
우 법제처 국가법령정보센터(http://www.law.go.kr) 에서 찾아 읽어 보기
바란다.

이 책을 읽은 모든 독자들 특히, 대학생, 취업준비생 등 대한민국의 모든 청춘들이 국민신문고 등을 통한 창의적 제안활동을 통해 원하는 꿈과 목표를 이루어 모두가 함께 웃을 수 있기를 소망한다.

『자존감 높이고 대접 받는 취업스펙』을 저술할 수 있도록 1년 동안 도와 준 필자의 창의력 여행 동반자 사랑하는 아내와 글 쓰는 아버지를 이해해 준 아들 준영과 딸 자윤에게 감사를 전한다.

권선복(도서출판 행복에너지 대표이사)

한때 '3포 세대'라는 말이 유행하더니 어느새 '5포 세대'로 바뀌었습니다. '결혼, 내 집 마련, 출산, 연애, 대인관계'를 포기한다고 합니다. 여기에 더해져 7포 세대도 등장했다는 소식이 들립니다. 바로 '꿈'과 '희망'마저 포기한 세대입니다. 그러나 절대 우리는 그럴 수 없습니다! 꿈과 희망은 우리 인생의 원동력입니다.

과거 우리 사회에는 수많은 사회적 사다리가 존재했습니다. 가난을 이겨내고 불굴의 의지로 꿈을 이룬 대통령, 기업가, 학자 등 수많은 사람들이 꿈의 사다리를 타고 청운의 미래를 펼칠 수 있었습니다. 그런데 요즘은 사다리가 사라진 세상이 되었다는 말들을 종종 듣습니다. 하지만 과연 그럴까요?

이 책의 저자 역시 한창 공부해야할 시기에 아버지 생업의 불황으로 인한 경제적 어려움 때문에 꿈을 포기할 뻔했던 아픔을 가지고 있습니다. 이 시대의 청년들이 가진 아픔을 먼저 경험해 봤기에 돈이 없어, 시간이 부족하여 꿈을 포기하는 일이 없도록 작은 희망의 불씨를 만들어 주고자 이 책을 출판한 것입니다.

> **66**
> 취업 전쟁의 시대, 우리의 꿈은
> 저 멀리에 있지 않다!
> 국민제안제도로 스펙도 쌓고 상금도 받으며
> 나눔도 실천하는 일석삼조(日石三鳥) 노하우
> **99**

상을 받아 이 시대 청춘들의 추락한 자존감도 높이고, 꿈을 이루는 데에 상금으로 보태고, 경제적 기부로 나눔도 실천하는 1석 3조의 효과를 창출하는 법을 책에 담았습니다. 고기를 잡도록 그물 사용법만 알려주는 것이 아니라 그물 살 돈을 벌 수 있도록 해주는 책입니다.

7포 세대의 자조가 난무하는 세상인지라 가난하지만 꿈과 희망을 품은 많은 젊은이들이 그것을 이룰 방법을 찾지 못해 좌절하고 배회하는 것을 종종 봅니다. 발판을 얻지 못해 도약의 기회마저 갖지 못하는 모습도 보입니다. 그들에게 이 책 『자존감 높이고 대접받는 취업스팩』이 어두운 동굴의 빛줄기처럼 비춰들기를 바랍니다.

가끔 닿을 수 없는 듯 멀게 느껴지기도 하겠지만, 길을 찾아보면 세상의 꿈들은 저마다 꿈꾸는 이들을 위해 준비된 비밀의 길을 하나씩 마련하고 있습니다. 오늘 이 책을 읽으시는 독자들 역시 행복에너지가 넘치는 꿈을 향한 길로 한걸음 다가선 것입니다. 독자들 한 분 한 분이 오늘 이 순간 새로운 '국민제안왕'으로 등극하시어 저마다의 꿈을 향해 더욱 힘차게 달려가시기를 진심으로 기원합니다.

하루 5분나를 바꾸는 긍정훈련
행복에너지

‘긍정훈련’ 당신의 삶을
행복으로 인도할
최고의, 최후의 ‘멘토’

‘행복에너지
권선복 대표이사’가 전하는
행복과 긍정의 에너지,
그 삶의 이야기!

인터파크
자기계발 분야 주간
베스트 1위

권선복 지음 | 15,000원

권선복

도서출판 행복에너지 대표
영상고등학교 운영위원장
대통령직속 지역발전위원회
문화복지 전문위원
새마을문고 서울시 강서구 회장
전) 팔팔컴퓨터 전산학원장
전) 강서구의회(도시건설위원장)
아주대학교 공공정책대학원 졸업
충남 논산 출생

책『하루 5분, 나를 바꾸는 긍정훈련 - 행복에너지』는 ‘긍정훈련’ 과정을 통해 삶을 업그레이드하고 행복을 찾아 나설 것을 독자에게 독려한다.
긍정훈련 과정은 [예행연습] [워밍업] [실전] [강화] [숨고르기] [마무리] 등 총 6단계로 나뉘어 각 단계별 사례를 바탕으로 독자 스스로가 느끼고 배운 것을 직접 실천할 수 있게 하는 데 그 목적을 두고 있다.
그동안 우리가 숱하게 ‘긍정하는 방법’에 대해 배워왔으면서도 정작 삶에 적용시키지 못했던 것은, 머리로만 이해하고 실천으로는 옮기지 않았기 때문이다. 이제 삶을 행복하고 아름답게 가꿀 긍정과의 여정, 그 시작을 책과 함께해 보자.

『하루 5분, 나를 바꾸는 긍정훈련 - 행복에너지』